# Schwestermutter

## Ich bin ein Inzestkind

Ulrike M. Dierkes

# Schwestermutter
## Ich bin ein Inzestkind

*Aufgezeichnet unter Mitarbeit von Martina Sahler*

Weltbild

Zum Schutz der Rechte sämtlicher Personen
wurden alle Namen verändert.

Besuchen Sie uns im Internet:
*www.weltbild.de*

Genehmigte Lizenzausgabe für Verlagsgruppe Weltbild GmbH,
Steinerne Furt, 86167 Augsburg
Copyright der Originalausgabe

Aufgezeichnet unter Mitarbeit von Martina Sahler
Umschlaggestaltung: Alexandra Dohse, www.grafikkiosk.de, München
Umschlagmotiv: Trevillion.com (Trevillion Images)
Gesamtherstellung: CPI Moravia Books s.r.o., Pohorelice
Printed in the EU
ISBN 978-3-8289-9780-6

2013 2012 2011 2010
Die letzte Jahreszahl gibt die aktuelle Lizenzausgabe an.

# DANKSAGUNG

Mein Dank gilt den Medien, Privatpersonen und Prominenten, die mich auf meinem Weg fachlich beraten und menschlich begleitet haben, besonders meiner eigenen Familie und der Verwandtschaft sowie den unerschrockenen, unverwüstlich optimistischen MitkämpferInnen meines Vereines M.E.L.I.N.A. e. V.

*Ulrike M. Dierkes, 2004*

## VORWORT

Ich bin ein Inzestkind.

Ich wurde geboren, weil mein Vater die älteste seiner vier Töchter sexuell missbrauchte – Marina wurde mit dreizehn Jahren schwanger. Ich wurde geboren, weil ein junges Mädchen, ein Kind, keine Hilfe erhielt – mein Vater missbrauchte Marina ab ihrem siebten Lebensjahr.

Als die Schwangerschaft festgestellt wurde, befand sich Marina bereits im sechsten Monat, und für eine Abtreibung war es zu spät. Der runde Bauch war nicht mehr zu verbergen, und die Nachbarn in dem kleinen westfälischen Dorf, aus dem ich stamme, tuschelten, das Kind sei vom eigenen Vater. Nur wenige Wochen nach ihrem vierzehnten Geburtstag brachte mich Marina zur Welt.

Meine leibliche Mutter ist also zugleich meine älteste Schwester, deshalb werde ich Marina im Folgenden auch *Schwestermutter* nennen.

Die Frau, die ich elf Jahre lang für meine leibliche Mutter gehalten habe, war in Wirklichkeit meine Großmutter. In diesem Buch nenne ich sie manchmal *Mutter*, denn als Kind wusste ich es nicht besser. Doch meist schreibe ich *die Frau meines Vaters*. Die Distanz, die sich darin ausdrückt, entspricht mehr meinem Verhältnis zu ihr.

Was es bedeutet, das Produkt eines Verbrechens zu sein, können sich Nichtbetroffene wohl kaum vorstellen – wie viel Kraft und Zeit mir mein Schicksal bis heute abverlangt, wie viel Disziplin, Überlebensarbeit und eigene Opfer es erforderte, ehe ich mich als *Inzestüberlebende* bezeichnen konnte.

Wie lebt man mit solch einer Familiengeschichte? Ist es für ein Inzestkind überhaupt möglich, sich mit seinem Schicksal zu versöhnen, es anzunehmen, sich selbst lieben zu lernen? Oder zerbricht es zwangsläufig daran, scheitert es?

In diesem Buch berichte ich, woran ich in meinem Leben fast zerbrochen und weshalb ich beinahe gescheitert wäre und wie ich es geschafft habe, zu überleben und die Person und Persönlichkeit zu werden, die ich heute bin.

Jeder Tag, an dem ich erwache und feststelle, dass ich gesund bin, einen erfüllenden Beruf, Familie und Freunde habe, ist für mich ein guter Tag. Mittlerweile bin ich ein lebensfroher und optimistischer Mensch, doch das ist nicht selbstverständlich. Ich habe hart an mir arbeiten müssen, denn ich war nicht immer glücklich, nicht immer erfolgreich und selten gelassen. – Zu einem in sich ruhenden Menschen, einer starken Frau habe ich mich erst nach und nach entwickelt.

Über manches habe ich bereits geredet, bevor ich dieses Buch schrieb, doch mit Rücksicht auf Lebende und Tote verschwieg ich vieles. Ich habe Täter, Mittäter und Mittäterinnen sowie einige der Mitwissenden, die trotz ihres Wissens geschwiegen haben, inzwischen überlebt. In diesem Buch nun wird nichts beschönigt; ich schone auch mich selbst nicht.

Weil ich trotz meines Schicksals überlebt habe und weil ich die komplexen Zusammenhänge des Geschehenen heute verstehe, bin ich dieses Buch Menschen schuldig, die an ihrem Schicksal zu zerbrechen drohen: den vielen sexuell missbrauchten Mädchen und den aus Missbrauch entstandenen Kindern, die lebenslang unter den Auswirkungen der Verbrechen an ihren Müttern leiden.

Wenn nur ein einziger Missbrauch durch dieses Buch verhindert wird, Inzestopfer und Inzestüberlebende menschlicher behandelt werden oder auch nur ein einziger Pädophiler nach Lektüre dieses Buches die Abartigkeit und Grausamkeit seines Handelns einsieht, dann hat sich das Schreiben gelohnt.

# TEIL 1

## DER INZEST, MEINE GEBURT UND EINE KINDHEIT IN LÜGE

# KAPITEL 1

Meine Kindheit ist überschattet von Geheimnissen und Rätseln, und die Menschen, die an der verbrecherischen Entstehungsgeschichte meines Lebens beteiligt sind, tun von Beginn an alles dafür, die Wahrheit zu verschleiern. Als Kind ahne ich noch nicht, welch weiter Weg vor mir liegt und wie weit ich zurückgehen muss, um die Spuren zu verfolgen, die mein Leben bestimmt haben. Viele Jahre vor meiner Geburt fängt alles an.

Kurz vor Ende des Zweiten Weltkrieges flüchtet die Frau meines Vaters mit ihrer Tochter Marina und gemeinsam mit anderen Frauen der Familie aus ihrer Heimat in Schlesien. Marina kam in Breslau zur Welt, während der Vater an der russischen Front kämpfte. Durch den Krieg hat die angesehene schlesische Familie alles verloren, was sie besaß.

In Ostbevern, einem Bauerndorf in Westfalen, nahe der Provinzhauptstadt Münster, finden die Frauen Zuflucht. Nach Kriegsende folgt ihnen der Vater, beinamputiert. Die Familie entscheidet, nicht ins zerstörte Schlesien zurückzukehren, sondern sich in Ostbevern ein neues Zuhause zu schaffen.

Im Dorf kennt damals jeder jeden. Wer hier leben möchte, hat sich den Regeln und Ritualen der Dorfgemeinschaft anzupassen. Fremde gehören nicht hierher, und fremd ist, wen man nicht mit Namen kennt oder wessen Familienverhältnisse nicht hinlänglich bekannt sind.

Der Familienname *Jagsch,* der Name unserer schlesischen Vorfahren, klingt fremd in den Ohren der Einheimischen. Hier heißen die Leute Beckmann, Haverkamp, Kötter, Loddenkötter oder Schulte. Der ungewöhnliche Name erregt Misstrauen.

Dennoch kann mein Vater vom Lastenausgleich, einer Entschädigung für Vertriebene, günstiges Bauland von der Kirche erwerben.

Gemeinsam mit einem Architekten entwirft er für sich und seine Familie ein Haus, das 1956 bezogen wird. Im Erdgeschoss des Hauses sind der Ess- und Wohnraum, die Küche und das Badezimmer sowie das Elternschlafzimmer, im oberen Stockwerk das Atelier, die Kinderzimmer und ein Zimmer mit Kochgelegenheit, in das die Mutter meines Vaters einzieht.

In Abständen von etwa zwei Jahren kommen Regina, Angelina und Babette zur Welt. Der einzige Sohn, Reginas Zwillingsbruder, stirbt und wird auf dem Dorffriedhof begraben.

Das Dorfleben hat feste Strukturen. Die Menschen gehen fleißig ihrer Arbeit nach – auf Wiesen und Äckern, für die Familie, im Haushalt, in Betrieben oder Firmen. Sonntags besuchen sie den Gottesdienst. Sie nehmen aktiv und ehrenamtlich am Gemeindeleben teil, helfen bei kirchlichen Dorffesten und Vereinsfeiern, treffen sich bei Beerdigungen und zu Geburtsfeiern, an Gedenktagen und zu Prozessionen, feiern gemeinsam Schützenfeste und Kirmes.

Mein Vater ist bald ein bekannter Mann in der Gegend. Obwohl er der ländlichen Bevölkerung, die mehr mit Ackerbau und Viehzucht vertraut ist, reichlich exotisch vorkommt, beeindrucken seine künstlerischen Begabungen und Talente die Menschen über die Dorfgrenzen hinaus. Dies mag auch daran liegen, dass mein Vater Menschen auf Anhieb für sich einnehmen und andere zu seinen Gunsten manipulieren kann. Allerdings zahlen sich diese Eigenschaften nicht finanziell aus, er bleibt sein Leben lang unterbezahlt.

Einige der Dorfbewohner mögen ihn nicht, weil er aufbrausend, jähzornig und aggressiv sein kann und eher arrogant und selbstverliebt durchs Leben geht.

Als Grafiker und als Experte für Schrift und Gestaltung – er beherrscht die Kalligrafie – ist er jedoch gefragt. Er erstellt für Taubenzüchtervereine und Künstlergilden werbewirksame Logos und berät die Honoratioren des Dorfes.

In dem großzügigen, hellen Atelierzimmer mit den großen schrägen Dachfenstern entwirft mein Vater viele Firmenlogos. Weltbekannte Unternehmen, die moderne und traditionelle Marken anbieten, lassen nach dem Krieg ihre Firmenzeichen erneuern oder überarbeiten. Kirchen- und Tageszeitungen geben die Gestaltung ihres Briefpapiers in Auftrag, und für Kirchentage und ähnliche große Veranstaltungen werden Plakate von ihm entworfen.

Doch nicht nur für die beruflichen Zwecke dient meinem Vater sein Atelier. Hier porträtiert er auch seine älteste Tochter Marina. Ab ihrem siebten Lebensjahr muss sie ihm als Modell dienen – und zwar als Nacktmodell. Denn Vater malt keine gewöhnlichen Kinderporträts von der Tochter, er fertigt Aktzeichnungen von dem Kind an.

Wer hierin, so seine Auffassung, etwas Schändliches sähe, sei in seinen Augen nicht normal, habe keine natürliche Einstellung zu Körperlichkeit, Nacktheit und Sexualität.

Doch es geht ihm keinesfalls bloß um Freizügigkeit und

künstlerisches Schaffen. Mein Vater nimmt das Aktzeichnen lediglich als Vorwand, um sich Gelegenheit zu verschaffen, seine sieben Jahre alte Tochter sexuell zu missbrauchen. Er ist ein so genannter Pädophiler.

Wenn Marina sich den Übergriffen zu entziehen versucht, zitiert er sie zu sich. Er zwingt sie kraft seiner Autorität als Vater. Ist sie nicht willig oder versucht sich zu wehren, wendet er Gewalt an, würgt sie schließlich.

Wo ist die Mutter des Kindes in diesen Momenten? Wieso gibt es keine Hilfe für das Kind? – Die Frau meines Vaters wendet sich in ihrer Hilflosigkeit an den katholischen Seelsorger des Dorfes. Sie klagt über das Tun ihres Mannes und bittet um Rat und Unterstützung. Der Pfarrer bekniet sie bestürzt, aber ebenso hilflos, sie solle beten und schweigen, dass »es« vorübergehen möge. »Denken Sie an die Familie! An die Kinder! Nicht auszudenken, wenn im Dorf darüber gesprochen wird! Es würde Ihre Existenz zerstören und die Ihrer Familie, wenn es herauskäme!«

Beten und Schweigen helfen jedoch nicht.

Niemand hindert meinen Vater während der nächsten sieben Jahre daran, immer wieder die Ateliertür hinter sich und Marina zu verschließen.

Die anderen Mädchen spielen währenddessen im Haus oder im Garten. Die damals fünfjährige Regina spürt sicher die bedrohliche Atmosphäre, die dreijährige Angelina und Babette, die noch ein Baby ist, wachsen in diese unheilschwangere Stimmung hinein.

Vater vergewaltigt Marina, sooft er dazu Lust verspürt. Weder die Einwände seiner eigenen Mutter noch die Tränen seiner betrogenen, gedemütigten und verratenen Ehefrau rühren ihn. Auch das Gemunkel und Getratsche der Nachbarn gebietet ihm keinen Einhalt.

Es kann nie nachgewiesen werden, wie viele Dorfbewohner, Familienangehörige, Nachbarn und Verwandte von seinem schändlichen Treiben wussten und warum sie Stillschweigen bewahrten. Für einige sind die Mitglieder des Künstlerhaushalts vermutlich Zugezogene, Kriegsflüchtlinge, »Polacken«, mit denen man nicht verkehrt. Sie halten sich von der Familie wahrscheinlich fern und können also auch nicht feststellen, was sich tatsächlich in dem Haus abspielt. Viele Dorfbewohner achten und respektieren das künstlerische Schaffen meines Vaters und lassen sich womöglich von seinen Ehrenämtern als Schöffe am Landgericht Münster und Ombudsmann der Vertriebenen blenden.

Viele Leute spazieren sonntags an unserem Haus vorbei, bleiben stehen und bewundern das Kunstwerk an der weiß verputzten Front. Dort prangt das Bild eines kämpfenden Engels, ein künstlerisch und religiös gleichermaßen beeindruckendes Bibelmotiv des Erzengels Michael, der mit einer Schlange als Sinnbild des Bösen kämpft. Fotos des Motivs werden in den Tageszeitungen abgebildet; mein Vater erhält nicht nur für dieses Kunstwerk Preise von Kirchen und anderen Einrichtungen.

Weshalb schweigen die Menschen? Wie kommt es, dass ein fremd klingender Familienname Misstrauen hervorruft, aber die Gerüchte über Kindesmissbrauch niemanden aufhorchen lassen? Wollen die Menschen nicht wahrhaben, dass so etwas Schreckliches in ihrem Ort, nur ein paar Häuser weiter geschieht? Ist es einfacher, keine Meinung zu haben, Ohren und Augen zu verschließen, statt hinzugucken und zu helfen?

# KAPITEL 2

»Das Kind ist vom eigenen Vater!«, tuscheln die Leute, als sich der Bauch der dreizehnjährigen Marina im sechsten Monat sichtbar wölbt. Aber ganz sicher sind sie sich anscheinend nicht – die Gerüchteküche brodelt.

Mein Vater hat keine Angst davor, von Marina verraten zu werden. Er beherrscht seine Familie, hat jeden Einzelnen eingeschüchtert.

»Wehe, du sagst etwas«, bläut er seiner Tochter ein, »dann komme ich ins Gefängnis und du in ein Heim!« Seiner Frau droht er: »Und du bist fällig wegen Mitwisserschaft! Überlege dir also, was du sagst!«

Doch so viel Druck ist gar nicht nötig. Seine Frau ahnt, was ihr bevorsteht, wenn der Missbrauch ans Licht kommt. Dass Marina schwanger wurde, ist in ihren Augen schon Schande genug ... Die Leute gucken ihrer dreizehnjährigen Tochter mit dem dicken Bauch hinterher und reden hinter vorgehaltener Hand über sie. Wenn jetzt noch herauskommt, dass der eigene Vater ... Eine Vorstellung, die der Frau meines Vaters schlaflose Nächte bereitet, ebenso wie ihrer Schwiegermutter.

Marinas Seelenschmerz jedoch interessiert niemanden.

Während die Mädchen schlafen, sitzen Vater und seine Frau in der Wohnstube und stecken die Köpfe zusammen. Die Vorhänge zugezogen, die Türen verschlossen, hecken sie einen perfiden Plan aus, wie sie ihr eigenes Ansehen im Dorf retten können.

Sie rufen am nächsten Abend Marina zu sich.

Eingeschüchtert und sehr verunsichert, die Hände auf dem Rücken, den Blick gesenkt, steht sie vor ihnen wie vor dem Jüngsten Gericht. Sie hört die strenge Stimme ihrer Mutter, während der eiskalte Blick des Vater auf ihr ruht.

»Ein Wort über das, was vorgefallen ist, und du bist im Heim! Hast du das verstanden?«

Marina nickt. Sie wird bestimmt nichts verraten. Niemals.

»Wenn dich jemand darauf anspricht«, fährt ihre Mutter fort, »wirst du erzählen, du seiest auf dem Sportplatz vergewaltigt worden. Als es schon dunkel war. Den Täter hast du nicht erkannt. Hast du das begriffen?«

Marina nickt abermals.

»Kriegst du die Zähne nicht auseinander? Wiederhole, was ich gesagt habe! Damit du es dir merkst.«

»Ich war auf dem Sportplatz im Dunkeln. Da bin ich vergewaltigt worden.«

»So ist es.« Die Mutter wechselt einen Blick mit Vater. Die beiden sind sich einig. Falls Marina nicht schweigen sollte, werden sie ihre geistige Zurechnungsfähigkeit anzweifeln. Sie haben beschlossen, die Einlieferung ihrer Tochter in eine psychiatrische Anstalt zu beantragen, falls Marina auch nur ein Sterbenswörtchen darüber verlieren sollte, dass ihr eigener Vater der Erzeuger ihres ungeborenen Kindes ist.

Es ist ja so einfach: Hört man nicht immer wieder, dass vergewaltigte Mädchen hysterisch werden und Fantasie und Wahrheit nicht mehr auseinander halten können?

Wenige Tage später muss sich Marina auf dem Polizeirevier bewähren. Zusammengesunken sitzt sie dem Beamten an dem Holztisch gegenüber, zu ihrer Rechten der Vater, zur Linken die Mutter, beiden ist die Anspannung nicht anzumerken. Nur Sorge und Bestürzung über das, was dem Kind widerfahren ist, heucheln ihre Mienen, während sie innerlich vermutlich darum flehen, dass das Kind keinen Fehler machen möge.

Marina sitzt da und weint, und es könnten vorgetäuschte Tränen über das sein, was ihr auf dem Sportplatz angetan wurde, aber sie weint, weil sie nicht weiß, was richtig und was falsch ist, und sie weint, weil sie sich so allein wie noch niemals zuvor in ihrem Leben fühlt.

Stockend gibt sie wortwörtlich die Geschichte zu Protokoll, die ihre Eltern ihr eingebläut haben, während der Beamte dienstbeflissen ein Formblatt in die Rolle der altmodischen Adler-Schreibmaschine einzieht und dann umständlich die Tasten drückt.

Als die drei das Revier verlassen, fällt die Anspannung von ihnen ab. Marina ist froh, nicht versagt zu haben, und die Eltern sind überzeugt, auf überaus geschickte Art das drohende Unheil von der Familie abgewendet zu haben. Was sie ihrer Tochter antun, hat für sie keine Bedeutung.

Doch die Erleichterung kam verfrüht. Nach Marinas Aussage auf dem Polizeirevier veranlasst das Jugendamt kriminalpolizeiliche Ermittlungen: wegen Vergewaltigung durch einen Unbekannten.

In dieser Phase bricht ein Dorfbewohner – nur dieser eine – das Schweigen. Er erstattet Anzeige wegen Inzests und sexuellen Missbrauchs.

Es ist bis heute unklar, woher dieser Mann sein Wissen

hat. Ob Marina sich womöglich einer Mitschülerin anvertraut hat, die dann mit ihren Eltern sprach?

Die Zivilcourage eines anonym bleibenden Dorfbewohners macht einen Strich durch den skrupellosen verbrecherischen Vertuschungsplan. Der ausgesprochene Verdacht, der eigene Vater des Mädchens sei der Erzeuger des Ungeborenen, genügt, um sofort einen richterlichen Haftbefehl zu erlassen.

Am Tag der Festnahme des Vaters wird Marina von einer Fürsorgerin abgeholt und in das klösterliche Erziehungsheim »Zum Guten Hirten« nach Münster gebracht. Der Vater wird in Handschellen aus seinem Atelier geführt und in einem Polizeiwagen zum Untersuchungsgefängnis des Landgerichtes Münster gefahren. Hier sitzt er ein, bis die Vaterschaft und der Vorwurf des Verbrechens bewiesen sind. In der Nacht nach der Festnahme erleidet die Mutter meines Vaters einen schweren Asthmaanfall und stirbt.

Wie ein Lauffeuer verbreitet sich die Nachricht im Dorf: Dieser beeindruckende, intelligente und gut aussehende Mann – Vater ist eine imposante Erscheinung, groß, schlank, hat strahlend blaue Augen, volle Lippen und interessante Gesichtszüge, die von halblangen Haaren verwegen eingerahmt sind – dieser Mann, dem man weder anmerkt noch ansieht, dass er im Krieg ein Bein verloren hat, und dem das Eiserne Kreuz verliehen wurde, ist festgenommen und sitzt wegen Missbrauchs der eigenen Tochter, wegen »Blutschande«, in Untersuchungshaft! Die meisten können es nicht glauben.

»Sicher war er besoffen.« – »Vielleicht sah sie ihrer Mutter so ähnlich.« Die Dorfbewohner spekulieren. Sie merken nicht, dass sie sich mit ihren Versuchen, sein Verhalten zu erklären, auf seine Seite stellen.

Auf die einzig richtige Erklärung kommen sie jedoch nicht: Er ist pädophil veranlagt. Nicht mehr, nicht weniger.

»Blutschande« ist der einzige Ausdruck, den die Menschen in den Sechzigerjahren für solche Verbrechen haben. Sie kennen Begriffe wie »Inzest«, »sexueller Missbrauch«, »Pädophilie« nicht. Der Wissensstand um diese Themen ist in der allgemeinen Bevölkerung zu dieser Zeit beinahe gleich null. Über so etwas wird nicht gesprochen. Es fehlt 1957 an Informationen, die nicht zuletzt den Opfern und den Angehörigen hätten helfen können.

Inzestverbrechen sind die am seltensten aufgedeckten Familienverbrechen. Sie unterliegen einer extrem hohen Dunkelziffer. Nicht zuletzt dieser Umstand erschwert die Aufklärungsarbeit. Dabei werden sexuelle Beziehungen zwischen Blutsverwandten schon seit vielen Jahrhunderten beobachtet. In ländlichen Gebieten wurden inzestgeschädigte Kinder mit körperlichen Auffälligkeiten zumeist als »Dorfdeppen« verhöhnt. Niemand hinterfragte jedoch die Ursache der Schädigungen. Man nahm die Folgeschäden als gottgewollt hin.

Marina muss es sich gefallen lassen, als »Hure« bezeichnet zu werden. »Warum hat sie nicht den Mund aufgemacht, bevor es zu spät war?«, lautet ein indirekter Vorwurf. »Sie wird wohl freiwillig mitgemacht haben«, vermuten andere. Weil ihnen einsichtige Erklärungen fehlen, verurteilen sie das Opfer als Mittäterin.

Der Vorwurf des Inzests ist geäußert, aber noch nicht bewiesen. Meine Geburt soll den Fall klären. Nicht nur sensationslüsterne Dorfbewohner, auch die Nonnen, in deren Obhut sich Marina bis zur Entbindung befindet, Kriminalbeamte und Staatsanwälte erwarten gespannt, dass ich auf die Welt komme – ob es auch Menschen gibt, die sich einfach bloß auf *mich* freuen, die mich willkommen heißen?

# KAPITEL 3

Der Chefarzt der Privatfrauenklinik, in der mich meine Schwestermutter zur Welt bringt, entscheidet auf Grund des jugendlichen Alters der Kindesmutter, dass sie per Vollnarkose entbunden wird. Er greift zur Zange, damit die Geburt nicht zu lange dauert.

Ich komme am 9. Oktober 1957, einem Mittwoch, um 9.25 Uhr auf die Welt.

»Gesund« lauten die ersten Untersuchungsergebnisse der Ärzte. Ich messe 48 Zentimeter, wiege 2480 Gramm, habe blaue Augen und eine leichte Sichelfußstellung, wahrscheinlich durch die Enge im jugendlichen Mutterleib.

Sofort nach der Geburt wird mir eine Blutprobe aus meiner Ferse entnommen. Sie bringt den Beweis: Der Vater von Marina, meiner biologischen Schwester väterlicherseits und meiner leiblichen Mutter, ist auch mein Erzeuger. Mein biologischer Vater ist also zugleich mein Großvater.

Erst sieben Jahre nach dem ersten sexuellen Übergriff beschäftigt sich die Justiz mit dem Vergehen meines Vaters an meiner Schwestermutter Marina, und plötzlich ist auch eine ganze Region entsetzt, weit über die Grenzen unseres Dorfes hinaus. Nun fühlt sich beinahe jeder aus dem Dorf in der Lage, das Geschehene zu kommentieren.

Meine Geburt fördert alle schrecklichen Erkenntnisse zu Tage, und mein Vater wird des inzestuösen sexuellen Missbrauchs angeklagt. In den nachfolgenden Gerichtsverhandlungen wird er zu zweieinhalb Jahren Haftstrafe verurteilt. Es mutet zynisch an, dass er an dem Landgericht verurteilt wird, an dem er selbst das Ehrenamt des Schöffen innehatte.

Wegen der Schwere seines Vergehens kommt er ins Zuchthaus, nicht ins Gefängnis. 1957 gibt es diesen Unterschied noch. Er verliert die bürgerlichen Ehrenrechte, wozu zum Beispiel das Recht zur Wahl gehört. Er wird von der direkten Teilnahme und der Mitgestaltung am demokratischen System ausgeschlossen.

Aus der Untersuchungshaft wird er auf direktem Wege nach Verl transportiert, wo er seine Strafe absitzt.

Zu seinem eigenen Schutz darf keiner der Mithäftlinge erfahren, weswegen er tatsächlich einsitzt, dass er ein Kinderschänder ist. Die Straftat bleibt geheim, und er macht sich unter den Gefangenen als Lehrer für Kalligrafie und Schriftgrafik verdient.

Marina wird nach der Entbindung von einer Fürsorgerin zurück in das Erziehungsheim gebracht, wo sie eine Ausbildung und schulische Erziehung erhält.

Und wo bleibe ich?

Die Menschen um mich herum sind mit der Situation, ein Inzestkind unterbringen zu müssen, überfordert, sie suchen nicht nach der besten Lösung für das Neugeborene und seine Mutter, sondern wollen die Angelegenheit bloß möglichst rasch hinter sich bringen.

Der Vater verweigert meine Freigabe zur Adoption. Die noch unmündige Kindesmutter kann zu einer solch weit reichenden Entscheidung nicht befragt werden, also auch keine Einwilligung geben.

Es kommt daher keine Adoption, sondern lediglich eine Pflegefamilie in Betracht.

Da rechtlich mein Vater für die Kosten meiner Unterbringung – gleichgültig ob in einer Familie oder in einem Heim – aufkommen müsste, er aber inhaftiert ist und dementsprechend kein Geld zahlen kann, wird die Frau meines Vaters finanziell herangezogen, denn sie gilt auf Grund des Hausbesitzes als nicht mittellos.

Doch die Frau meines Vaters lehnt es zunächst vehement ab, für meine Unterkunft und Verpflegung auch nur einen Pfennig zu berappen. Stattdessen bezichtigt sie Marina, eine »Hure« zu sein, die ihren Vater verführt, sich mit ihm eingelassen und ihr »schändliches Verhalten«, wie sie es nennt, nicht mal gebeichtet hat, als ich unterwegs war.

Schließlich bietet sie den Behörden mit berechnendem Pragmatismus an, mich bei sich aufzunehmen und gemeinsam mit ihren drei Mädchen, die inzwischen zwölf, zehn und acht Jahre alt sind, großzuziehen. »Wo drei Kinder satt werden, wird auch ein viertes satt. Hauptsache, ein Kind hat ein Dach über dem Kopf und ein Bett zum Schlafen, mehr braucht es nicht« – so ihre Worte.

Dafür, dass sie mich bei sich aufnimmt, erhält sie ein Pflegegeld der Jugend- und Sozialbehörden, sozusagen für ihren Status als Pflegemutter. Dies ist die billigste und einfachste Lösung.

Bei meiner Taufe übernimmt sie zusammen mit Josefine Fellmer, einer angesehenen Werbegrafikerin und Präsidentin ihres Berufsverbandes, die Patenschaft über mich. Die Feier findet im kleinen Kreis nur mit den engsten Angehörigen statt.

Andere Verwandte werden ab jetzt nicht mehr in dieses Haus eingeladen, in dem es ein Geheimnis zu hüten gilt.

Aus Scham erzählt die Frau meines Vaters den entfernt wohnenden Verwandten, ich sei ein Nachzügler; an dieser Lüge hält sie über Jahrzehnte hinweg fest.

Die Wahrheit kann sie ihren Verwandten gegenüber nicht aussprechen. Ihr Vater war Ministerialrat, andere Familienangehörige üben ebenfalls Berufe mit hohem öffentlichen Ansehen aus, sie sind unter anderem Lehrer, Richter oder Staatsanwälte. Nicht auszudenken, wenn sie von der Schande erführen.

Die Frau, die ich bis zu meinem elften Lebensjahr für meine Mutter halte, wirkt durch ihre Frisur und Kleidung wesentlich älter, als sie ist.

Sie trägt ihr haselnussbraunes Haar zu einem Dutt hochgesteckt, der von einem braunen durchsichtigen Netz umspannt ist.

Man sieht ihr an, dass sie einmal eine bildhübsche junge Frau war, aber auch, dass ein hartes, arbeitsreiches Leben hinter ihr liegt, das Falten und Furchen im Gesicht und Schrunden an den Händen hinterlassen hat.

In ihrem Haushalt sucht man jedwede Form von Luxus vergeblich. Selbst als sich die Nachbarn im Zuge des Wirtschaftsaufschwungs, des so genannten Wirtschaftswunders, mit modernen Haushaltsgeräten die Arbeit erleichtern und stolz die neuen Anschaffungen und Errungenschaften vorführen, gibt es bei uns weder Heizung noch Teppichboden, weder Fernseher noch Kühlschrank, Kaffee-, Wasch- oder Spülmaschine.

Freitags ist wie in vielen anderen Haushalten Badetag. Dann wird in einem Boiler über einem Ofen Wasser erhitzt. Eine Wannenfüllung muss für die ganze Familie reichen.

Da unser Haus nicht an die Kanalisation angeschlossen

ist, findet monatlich der so genannte »Jauchetag« statt: An diesem Tag muss die Grube mit einem langen, an einem Holzstiel befestigten Blechgefäß auf angrenzende Äcker und Beete des Gartens entleert werden.

Einmal im Monat ist auch Waschtag. Dann wird die schmutzige Wäsche über einem mit Holz angeheizten Ofen in einem Kessel mit Seifenlauge sauber geschrubbt. Das Schmutzwasser muss in kübelartigen Kleingefäßen durch das Kellerfenster hinaus entsorgt werden.

Waschen ist körperliche Schwerstarbeit. Es beansprucht einen ganzen Tag, bis alle Hosen, Hemden und Röcke auf den Leinen zum Trocknen hängen. Das Bügeln mit einem immerhin schon moderneren Gerät nimmt einen weiteren halben Tag in Anspruch. Die Kleidung hat im Allgemeinen eher dunkle Farben, und sie wird so lange wie möglich getragen.

Im Garten baut die Frau meines Vaters mit Hilfe meiner Schwestern Gemüse, Kartoffeln und Salat an. In den umliegenden Wäldern sammeln sie Beeren und Pilze, Gräser und Kräuter werden von der Wiese gepflückt.

Da es keinen Kühlschrank im Haus gibt, werden Lebensmittel im Keller gelagert, in Gläser eingelegt, in Fässern konserviert oder getrocknet.

Zum Haushalt gehören auch weiße Würmer, Kakerlaken und Wanzen. Die Frau meines Vaters zerquetscht Insekten zwischen zwei Fingern und erschlägt Kröten, indem sie flache Steine auf sie fallen lässt.

Während mein Vater im Gefängnis sitzt, gehen meine drei Schwestern Regina, Angelina und Babette nach der Schule arbeiten. Sie verdienen sich bei Bauern auf dem Feld ein paar Mark, die sie daheim der Mutter abgeben und so zum Lebensunterhalt der Familie beitragen.

Die drei Mädchen werden finanziell und körperlich von der Mutter ausgebeutet. Jede Arbeitskraft wird gebraucht.

Keines der Kinder erhebt dagegen Einspruch.

In einem Schreiben, das die Fürsorgebehörde an die Frau meines Vaters in ihrem Status als meine Pflegemutter sendet, wird sie angewiesen, das Pflegegeld, das sie für mich erhält, bitte auch für mich auszugeben, da es eine Zweckentfremdung und obendrein schädlich sei, wenn sie mir viel zu kleine oder viel zu große Schuhe anzöge, um Geld zu sparen, oder wichtige Gebrauchsgegenstände wie den Kinderwagen verkaufe, um das daraus erlöste Bargeld anderweitig zu verwenden.

Wichtig ist der Mutter vor allem die Fortzahlung der Altersversorgung ihres Mannes, damit er während seiner Haftzeit keinen Verlust hinnehmen muss. Monat um Monat werden das Haus abbezahlt und Rentenmarken für ihn geklebt.

Niemand informiert sie, dass sie nach dem Opferentschädigungsgesetz Anspruch auf Hilfeleistungen hätte.

Die Behörden sind froh, wenn ihre Kassen möglichst nicht belastet werden; die anderen Dorfbewohner wissen es auch nicht besser. Sie zerreißen sich lieber ihr Maul, anstatt der Alleinerziehenden Hilfe anzubieten.

Ich wachse ohne Liebe und fürsorgliche Zuwendung auf. Da ich es nicht anders gewohnt bin, halte ich es für normal. Bis ich erfahre, dass sie in Wahrheit meine Großmutter ist, sage ich »Mutti« zur Frau meines Vaters.

Nur ein Mensch durchschaut sie und die Rolle, die sie in dieser Familientragödie spielt. Es ist der bekannte Lehrer und Rezitator Rainer Schepper, der Marina seit ihrer Einlieferung ins Erziehungsheim als Vormund zugewiesen worden ist. Er empört sich darüber, dass ich bei der Frau aufwachse, die zum Inzest ihres Mannes wissentlich geschwiegen hat.

In einem Brief an die Behörden (siehe Anhang) bezichtigt er die Frau meines Vaters, mit ihrer Eifersucht auf alle ihre Töchter zum Inzest beigetragen und dieses Verbrechen geduldet zu haben. In seinen Augen müsste sie mitangeklagt und bestraft werden. Aber diese Frau soll mich, das aus dem Inzest entsprungene Kind, nun pflegen.

Entsetzt über diese Entscheidung des Jugendamtes legt Schepper seine Vormundschaft nieder, und Marina bekommt eine Frau als Vormund. Eine reiche Dame aus vornehmer Gesellschaft, die Marinas Begabungen und Talente erkennt und sich sehr für sie einsetzt.

Ich bleibe in der Pflege der Frau meines Vaters.

## KAPITEL 4

Meine ganz persönlichen Erinnerungen setzen etwa mit der Kindergartenzeit ein. Doch viele Jahre lang stehen Bilder, Worte und Eindrücke zusammenhanglos nebeneinander. Erst Jahre später und nach und nach fügen sich die einzelnen Elemente wie ein Mosaik zusammen.

Ich erinnere mich zum Beispiel an folgende Szenen:

Eine Dorfbewohnerin sagt zu der Frau, die ich für meine Mutter halte: »Dass Sie dieses Kind aufziehen!«

Ein anderes Mal fragt mich jemand auf meinem Heimweg: »Wie gefällt es dir denn bei der Oma?«

Wieder ein anderes Mal höre ich, wie eine Nachbarin zu einer anderen sagt: »Dass Sie Ihren Sohn mit der spielen lassen ...« Die angesprochene Nachbarin antwortet darauf: »Aber das Kind kann doch nichts dafür!«

Ich verstehe die Bedeutung dieser Worte nicht.

In einer vorweihnachtlichen Theateraufführung vor Nikolaus und Eltern spiele ich eine Schaufensterpuppe, die um Mitternacht lebendig wird. Ich sehe noch einmal vor mir, wie ich nach vorn tippele und sage:

»Ich bin die Lieselotte.
Die Augen blau, die Haare schwarz.
So lach' ich in die Welt hinein,

als Puppe muss ich lustig sein.
Die Lieselott' ist immer flott!«

Ich tippele zurück zu den anderen Puppen und falle in meine Starre zurück. Die Leute klatschen, der Nikolaus schenkt mir Lebkuchen zur Belohnung.

Ich bin ein dürres, für mein Alter groß gewachsenes Mädchen mit rückenlangem pechschwarzen Haar, strahlend blauen Augen – das rechte steht etwas schief – und ungleichmäßigen Vorderzähnen.

Manche sagen, ich sei ein hübsches Kind. Doch ich höre auch Ausdrücke wie »Bastard« und »Blutschande«. Auch diese Worte sagen mir nichts.

Die meisten Menschen im Dorf kenne ich vom Sehen, auch die ältere Frau, die an einem sommerlichen Nachmittag in unser Elternhaus kommt.

Ich werde ins Wohnzimmer gerufen, deshalb unterbreche ich mein Spiel im Garten und gehe ins Haus, begrüße die Besucherin. Sie mustert mich eindringlich von Kopf bis Fuß.

»Die Dame möchte mal sehen, wie du dich entwickelt hast«, erklärt mir Mutter.

Die Fremde ruft überrascht und verwundert aus: »Sie sieht ja ganz normal aus!«

Mutter nickt zufrieden und sagt zu mir: »Du kannst wieder gehen!«

Ich laufe in den Garten zurück, wo ich ein Versteck in einem Gebüsch habe. Eine kleine Kuhle, in die ich mich hineinkuschele und davon träume, ich sei Dornröschen.

Mein Vater wird wegen guter Führung vorzeitig aus dem Gefängnis entlassen, die restliche Strafe ist auf Bewährung ausgesetzt. Ich bin zwischen zwei und drei Jahre alt.

Als die Rückkehr des Vaters im Dorf bekannt wird, blüht der Tratsch neu auf. »Die scheint doch ohne ihn nicht zu können!« Die Nachbarn können nicht begreifen, dass die Frau meines Vaters weiterhin mit ihrem Mann zusammenleben will. Als wäre nichts gewesen. Hat sie überhaupt jemals an Scheidung gedacht?

Ich habe meinen Vater als warmherzig in Erinnerung. Er kümmert sich um mich. Ich höre noch seine dunkle Stimme, die »Hoppe hoppe Reiter« singt, während ich auf seinen Knien hopse.

Er kann aber auch laut und wütend werden, wenn man sich seinen Befehlen widersetzt. Seine Aggressionen reagiert er an Gegenständen ab; Stühle und Türen gehen zu Bruch.

Marina, meine Schwestermutter, kehrt ebenfalls in ihr Elternhaus zurück. Sie wird mit sechzehn Jahren aus dem katholischen Erziehungsheim ins Elternhaus entlassen – in das Haus ihres Peinigers. Nun ist die Familie komplett. Eine unheilvolle Konstellation.

So liebevoll mein Vater mit mir in manchen Stunden umgeht, so beängstigend sind die Vorfälle, die ich im Haus miterlebe.

»Marina«, schallt die Bassstimme meines Vaters durchs Haus. Sofort spüre ich eine diffuse Aufregung. Gleich passiert wieder etwas Schlimmes ... Ich verkrieche mich in eine Ecke im Wohnzimmer, wo ich für meine liebste Puppe einen kleinen Thron aus Kissen gebaut habe, damit sie sich wie eine Prinzessin fühlen kann.

»Marina! Komm her! Sofort!« Die Dielen knarren unter den schweren Schritten meines Vaters.

Ich höre die dünne Stimme meiner Schwestermutter. »Nein, nein ...«, fleht sie.

Vater wird böse. Seine dröhnende Stimme und sein wütendes Schnaufen schallen durchs Haus, während er Marina nachstellt.

Ich drücke meine Prinzessinnen-Puppe an mich, während ich beobachte, wie Marina um den Esstisch läuft. Sie ist schmal und sieht zerbrechlich aus in der weißen Bluse und dem karierten Rock. Der Vater greift über den Tisch nach ihr, aber sie kann zurückspringen. Sie fällt. Auf allen vieren flüchtet sie vor ihm. Für einen Moment sehe ich ihre Unterhose, die zu groß für sie ist. Es blitzt etwas daraus hervor. Es sieht aus wie eine weiße Papierserviette, an einigen Stellen ist es rot wie Blut.

Die Frau meines Vaters steht weinend da und knetet nervös ihre Hände.

Ich stecke den Daumen in den Mund und hoffe, dass ich nicht bemerkt werde. Mein Herz klopft schnell und fest gegen meine Brust. Ich verstehe nicht, was hier passiert, aber es macht mir Todesangst.

Marina ist irgendwann erschöpft, und der Vater packt sie am Oberarm und zieht sie mit sich in sein Atelier.

Während sie nach oben steigen, wird das Schluchzen und Wimmern in meinen Ohren leiser.

In meiner Puppenecke kehrt wieder Ruhe ein. Aber es ist keine gute Ruhe. Der Kissenthron ist zerdrückt.

Mein Vater und seine Frau streiten oft, auch in meiner Gegenwart. Dann benutzen sie mich, verwickeln mich in ihre Vorwürfe, deren Tragweite ich damals noch nicht durchschaue.

Mein Vater wettert: »Sie ist schuld, dass dein kleiner Bruder Michael gestorben ist. Er hatte eine Lungenentzündung, und sie hat trotz des kalten Winters das Fenster in seinem Zimmer aufgelassen. Sie mochte keine Jungen, und deswegen musste Reginas Zwillingsbruder sterben.«

Seine Frau erwidert bloß abfällig: »Ich hatte vier Mädchen – das reichte! Und dann auch noch einen Jungen!«

Vater wirft ihr nun vor, sie habe die Bremsschläuche an seinem Auto angesägt, um ihn ins Jenseits zu befördern.

Sie keift: »Andere Väter, die besten Männer, fahren vor einen Baum, verunglücken tödlich und kommen nicht wieder – nur dein Vater, der ein Verbrecher ist, kommt immer wieder!«

Ob die Vorwürfe der Wahrheit entsprechen, wird niemals geklärt werden können.

Einmal überrasche ich die Frau meines Vaters, wie sie weinend vor einem Stapel Fotos am Esstisch sitzt, in der einen Hand eine Schere, in der anderen die Fetzen eines Bildes – eines Bildes von meinem Vater, von ihrem Mann. Sie hat in Wut und Zorn darauf eingestochen, hat mit der Spitze der Schere Löcher in sein papiernes Herz gebohrt.

Ich gehe wortlos hinauf in mein karg möbliertes Zimmer, an dessen Fenstern bloß im Winter die Eisblumen blühen.

# KAPITEL 5

Durch die Vermittlung einer Freundin findet mein Vater eine Arbeitsstelle in einer renommierten Werbeagentur in Düsseldorf.

Marinas Vormund sorgt zur gleichen Zeit dafür, dass meine künstlerisch begabte Schwestermutter die Werkkunstschule Düsseldorf mit angeschlossenem Mädchenheim besuchen kann.

So kommt es, dass Marina und mein Vater jeden Montagmorgen in aller Frühe gemeinsam nach Düsseldorf fahren. Am Freitagabend kehren sie fürs Wochenende nach Ostbevern zurück.

Marina hat in dieser Zeit ihren ersten Freund, einen Griechen. Sie ist achtzehn Jahre alt, als sie erneut schwanger wird. Nach damaligem Gesetz ist sie nicht volljährig, aber strafmündig. Ich bin zu diesem Zeitpunkt vier Jahre alt.

Auf Grund der Schwangerschaft wird mein Vater des fortgesetzten Inzestes verdächtigt. Da er auf Bewährung entlassen ist und einige Indizien auf inzestuösen sexuellen Missbrauch hindeuten, wird er eine Zeit lang von Kriminalbeamten beschattet. Sie registrieren, dass er seine Tochter freitagabends aus der Werkkunstschule abholt, dass er mit ihr zu seinem Apartment fährt und wann er dort wieder abfährt und in Ostbevern eintrifft.

Für eine bestimmte Nacht fehlt ihm schließlich ein Alibi.

Marina schweigt unter dem Druck des Vaters. Ihr griechischer Freund schlägt eine Abtreibung vor.

Doch mein Vater ist sich sicher, nicht der Erzeuger zu sein, und hofft, durch die Geburt des Kindes die Verdächtigungen aus dem Weg räumen zu können.

Die Geburt des Babys, eines halbgriechischen Jungen, beweist tatsächlich, dass er nicht der Kindesvater ist. Dass er dennoch erneut Geschlechtsverkehr mit seiner Tochter gehabt hat, müsse ihm erst mal jemand nachweisen ... So lange Marina schweigt, kann ihn niemand verurteilen.

Mein Vater setzt Marina unter Druck, sie soll vor Gericht einen Meineid leisten.

Auch die Frau meines Vaters wirkt hartnäckig auf ihre Tochter ein. »Denk an die Familie! Von deiner Aussage hängt alles ab! Jetzt sind wir gerade über den Berg – und jetzt das schon wieder!«

Marina leistet einen Meineid und streitet zuerst ab, der Vater habe sie erneut missbraucht, bricht aber unter der Nervenanspannung und dem Prozessgeschehen zusammen und gesteht schließlich unter Tränen, ja, ihr Vater habe sie erneut und wiederholt zum inzestuösen Beischlaf gezwungen.

Der Richter lässt sich von dem gewandten Auftreten meines Vaters nicht blenden. Mit gerunzelter Stirn lauscht er der Zeugenaussage und wirft immer wieder einen düsteren Blick in Richtung meines Vaters. Vom Glanz seiner Ehrenämter und seiner Erfolge ist nicht mehr viel übrig.

Als mein Vater später genussvoll schildert, zu welchen Stellungen er seine eigene Tochter »veranlasst« habe, weil er diese oder jene auch mit seiner eigenen Ehefrau bevorzuge, verliert der Richter die Fassung und schreit: »Raus mit diesem Schwein!«

Er wird zu weiteren vier Jahren Gefängnis verurteilt.

Mein Vater und Marina sind plötzlich fort. Weit fort. Ich verstehe nicht, warum. Aber ich habe Sehnsucht nach ihnen.

Damals bekomme ich nicht mit, was geschieht. Ich erfahre nicht einmal, dass Marina einen Sohn zur Welt bringt und in einem Heim für ledige Mütter lebt.

Auch meine Erinnerungen an den erneut abwesenden Vater sind nur schwach. In meinem Kopfkino gibt es Bilder von Fahrten nach Essen: Die Frau, die ich für meine Mutter halte, steht an der Autobahn, den Daumen energisch hochhaltend, die Lippen fest aufeinander gepresst ... Autos rasen an uns vorbei ... Endlich verlangsamt eins seine Fahrt, und die Beifahrertür wird von innen aufgedrückt ... Ich kauere auf dem Rücksitz und starre auf Muttis korrekten Dutt und das schüttere graue Haar des Fahrers ... Dann stehen wir vor einem dicken dunklen Mauerwerk mit riesigem Eisentor, das sich quietschend zur Seite schiebt. Ich versuche, an Muttis Seite zu bleiben, mache drei Schritte, wenn sie einen geht, tapse über Pflastersteine, dann über die PVC-Böden langer Korridore ... Links und rechts von den Gängen befinden sich schwere Türen mit kleinen Sichtfenstern. Das Klirren von Schlüsseln lässt mich frösteln, knallend werden Türen zugeschlagen ... Ich habe Angst.

Wieso muss mein Vater an diesem kalten, Furcht erregenden Ort bleiben? Wieso kann er nicht bei uns zu Hause sein?

Als ich 1964 im Alter von sieben Jahren in die Schule komme, ist Regina vierzehn, Angelina sechzehn und Babette achtzehn. Marina und meinen Vater verliere ich aus den Augen, nicht aber aus dem Sinn. In der Erinnerung sehe ich mich als jüngste von fünf Schwestern, von denen die älteste schon aus dem Haus ist.

Es spielen sich damals manche Szenen ab, die ich nicht einzuordnen weiß.

So kommt eines Tages der katholische Pfarrer zu uns ins Haus. Ich bekomme eine Unterhaltung mit, der ich entnehme, dass es um Regina geht, die nach Ansicht des Geistlichen nicht an ihrer bevorstehenden Erstkommunion teilnehmen soll, »wegen des Vaters« und »wegen der Leute«. Der Pfarrer klingt verärgert. »Sie müssen doch die Leute nicht unnötig provozieren ...«

Mutter reagiert aufgebracht. »Ich und provozieren? Wieso?«, fragt sie erbost.

»Können Sie sich nicht ein bisschen mehr aus der Öffentlichkeit heraushalten?«

»Wie meinen Sie das?« Ich spüre, wie wütend die Worte des Pfarrers Mutti machen und dass sie sich nur mühsam beherrschen kann, nicht die Fassung zu verlieren.

»Wenn Ihre Tochter zur Kommunion geht, werden die Leute bloß an alles erinnert ... Muss das sein? Es ist schon schlimm genug, dass Sie mit dem Fahrrad durchs Dorf ziehen und Haushaltswaren verkaufen.«

Die Frau meines Vaters fuhr damals, um sich ein paar Pfennige dazuzuverdienen, mehrmals die Woche auf einem rostigen Rad durch die Bauernschaft und bot Bürsten, Lappen, Bohnerwachs, Schuhcreme, Einmachgläser, Gummiringe, Bürobedarf und Schulhefte an.

»Die Nachbarschaft fühlt sich regelrecht genötigt, Ihnen etwas abzukaufen, nur um Sie wieder loszuwerden. Können Sie den Leuten nicht entgegenkommen und rücksichtsvoller sein, indem Sie sich aus dem öffentlichen Leben mehr zurückziehen? Damit endlich Gras über die Geschichte wächst?«

Ich verstehe nicht, worauf genau der Pfarrer anspielt,

spüre aber, dass er uns nicht wohl gesonnen ist. Es ist derselbe Pfarrer, der der Frau meines Vaters riet, sie solle beten, dass »es« vorübergeht.

Bei meiner Einschulung im August falle ich durch meine ärmlichen Kleider auf. Alles an mir ist alt, dunkel, lieblos, traurig und unzeitgemäß. Den Schulranzen haben bereits viele Kinder vor mir getragen. Auch die Bücher sind gebraucht.

Für eine Schultüte fehlt das Geld gänzlich. Mutter erklärt mir, dass ich die Schultütenfüllung auf einem Teller erhalte: Ich bekomme Obst zum Schulanfang, sogar eine gekaufte Apfelsine und eine Banane, – Früchte, die nicht in unserem Garten wachsen und die unsere Nachbarin vorbeigebracht hat.

Ich freue mich. Dennoch beneide ich die anderen um ihre bunten Schultüten und neuen Ranzen.

Eine Mitschülerin raunt: »Sind die so arm?«

Ich fühle mich ausgegrenzt. Ich höre Fetzen eines geflüsterten Gesprächs: »... der Vater hat doch ... der ist doch ...« Obwohl ich nicht weiß, worüber gesprochen wird, empfinde ich das Gerede als sehr unangenehm. Ich fühle mich schlecht.

Gut hingegen fühle ich mich beim Anblick des großen Wandbildes in der Eingangshalle der Dorfschule, denn darunter steht der Name meines Vaters. Das Bild eines angesehenen Kunstmalers.

Erst viele Jahre später sehe ich in der Erinnerung etwas anderes in diesem Bild: Es ist das Werk eines Kinderschänders, das öffentlich in einer katholischen Einrichtung hängt.

Ich höre zufällig, wie die Lehrerin zu Mutter sagt:

»Dumm ist sie nicht! Sie verfügt erstaunlicherweise über einen sehr reichen Wortschatz.«

Manchmal kommt eine Dame vom Jugendamt, sie heißt Änne, die mir seltsame Fragen stellt. Ob ich ein eigenes Bett habe und darin auch allein schlafe? Ob ich gern in die Schule gehe?

Ich beantworte die Fragen mit »Ja«, und sie geht wieder. Ich weiß nicht, was sie tatsächlich von mir will. Ich weiß nur, dass irgendetwas mit mir nicht stimmt. Manchmal schnürt es mir die Luft zum Atmen ab.

Ich lebe Tag für Tag mit geheimnisvollen Andeutungen und dem Gefühl, anders zu sein als die anderen.

Auf Fragen wie »Na, wie gefällt es dir denn bei deiner Oma?« gebe ich keine Antwort. Sie irritieren mich.

Eines Tages sagt der Bruder eines Nachbarjungen auf dem Heimweg von der Schule: »Dein Vater ist ja im Knast.«

Eilig laufe ich nach Hause und frage: »Mutti, was ist ein Knast?«

Sie sagt: »Ein Krankenhaus. Wieso?«

»Bernis Bruder hat gesagt, Vati wäre im Knast«, antworte ich.

Ich sehe mir neugierig die Briefe und Postkarten meines Vaters an, auf die er kleine Tiere, zum Beispiel Bienen, für mich malt. »Nun dauert es nicht mehr lange. Bald komme ich zu dir zurück! Dein Vati!«, steht auf einer Karte.

Als die Lehrerin in der Schule etwas über Krankenhäuser erzählt und dass die Patienten da liegen müssen, zeige ich stolz auf und kläre sie auf. »Mein Vater ist auch im Krankenhaus. Der darf dort aber aufstehen! Der malt dort sogar!«

Ich sehe den überraschten, prüfenden Blick der Lehrerin, die erwidert: »Na dann, gute Besserung!«

Einige Kinder in den hinteren Bänken tuscheln etwas oder kichern. Manche beneiden mich um meinen malenden Vater. Doch die meisten plappern nach, was sie von Gesprächen ihrer Eltern aufgeschnappt haben.

Als Kind habe ich bereits das unbestimmte Gefühl, in unserer Familie ist alles anders. Aber ich kann mir nicht erklären, ob das Anderssein bloß mit Vater, mit mir oder mit unserer ganzen Familie zu tun hat. Da ich auch nur selten zu Besuch bei anderen Familien bin, kann ich keine konkreten Vergleiche ziehen. Ich habe als Kind die Vorstellung, dass es in allen anderen Häusern viel behaglicher, moderner und gepflegter sei.

Von meinen älteren Schwestern, Regina, Angelina und Babette, habe ich Bilder in Petticoats im Kopf, sie stehen stundenlang vor dem Spiegel und stecken sich die Haare hoch oder toupieren sich aufwändige Frisuren. Es gibt häufig Streit zwischen den Mädchen und Mutter. Um jeden Kinobesuch in der Stadt, jede Verabredung am Abend. Es spielen sich Dramen zu Hause ab, wenn Nachbarinnen Mutter erzählen, sie hätten eine der drei Schwestern mit einem Jungen gesehen.

Ich verstehe die Zusammenhänge nicht und will nichts als Ruhe und Liebe.

Ich scheine wie Dornröschen im Tiefschlaf zu leben, hinter hohen Hecken, gefangen zwischen stacheligen Dornen und verwobenen Spinnenweben, in einem Garten, aus dem es kein Entkommen gibt. Ein Traum, aus dem es kein Erwachen gibt.

Als ich neun Jahre alt bin, ich besuche die dritte Klasse der Grundschule, leide ich immer wieder unter heftigen Bauchschmerzen.

Doch Mutter nimmt mich nicht ernst. »Stell dich nicht so an! So schlimm kann es nicht sein!« Das sind ihre Worte.

Eines Nachts werden die Schmerzen unerträglich. Ich wimmere und schreie so lange, bis Mutter es nicht mehr aushält und mich tatsächlich zum Arzt bringt.

Eine Notoperation erfolgt, der Blinddarm ist durchgebrochen. Dass sich die Eitermasse verkapselt hat, ist meine Rettung.

Mit der Operation geht meine erste Menstruation einher. Da ich noch nicht aufgeklärt bin, halte ich sie für eine Wundblutung.

Die Frau meines Vaters reagiert auf die Nachricht der Krankenschwester, ich hätte meine erste Periode bekommen, hysterisch: »Geht das jetzt bei dir auch los?«

Sie bringt mir watteähnliche Einlagen mit ins Krankenhaus, schiebt mir die weißen Streifen zwischen meine Beine und sagt: »Das wirst du jetzt jeden Monat brauchen!«

Ich weiß nicht, was das bedeutet. Ich erinnere mich an das Weiße zwischen Marinas Beinen, als sie vom Vater verfolgt wird ...

Ich habe keine Freunde, weil ich keine Kontakte habe. Nur ein einziges Mal darf ich mit ein paar Mädchen aus der Nachbarschaft meinen Geburtstag feiern, den die Frau meines Vaters für mich ausrichtet. Hie und da schließe ich mich den Kindern auf der Straße an. Aber manche Eltern wollen nicht, dass ihre Kinder mit mir spielen.

Am häufigsten spiele ich mit einem Jungen, der mit mir dieselbe Schulklasse besucht. Wir heiraten an einem heißen Sommertag im Sandkasten.

Ich spiele viel allein. Ich bin dann eine Elfe, eine Fee oder eine Zauberin. Ich wünsche jedem Glück, auf dass es zu mir zurückkehrt und dass ich – »Abrakadabra!« – wie die Schaufensterpuppe in dem Theaterstück plötzlich aus meinem Traum erwache ...

Abends vor dem Einschlafen, allein in meinem Zimmer, unternehme ich Fantasiereisen, dann stelle ich mir ein anderes Leben in einer anderen Welt vor. Ich träume davon, Schriftstellerin zu werden, schöne Kleider zu tragen und mit einem wundervollen Mann und Kindern in Luxus und Reichtum zu leben.

Einmal schenkt mir Babette einen dunkelblauen Kurzmantel, der innen mit hellblau eingefärbtem Lammfell gefüttert ist. Ich bewundere ihn, befühle ihn, streichele über das weiche Innenfell, als er an der Garderobe hängt. Sicherlich werde ich ihn nur sonntags beim Kirchgang tragen dürfen und vielleicht nach einigen Jahren in die Schule.

Eine Nachbarin kommt vorbei, sieht das wunderschöne Stück und kann ihre Begeisterung nicht zurückhalten. Das wäre auch ein Mantel für ihre Tochter! So etwas Schönes gibt es ja hier in der Provinz gar nicht!

Ich werde nicht gefragt, als Mutter den geliebten Mantel an die Nachbarsfrau für 100 Mark, also umgerechnet 50 Euro, verkauft.

Mir tut das unbeschreiblich weh. Doch ich schweige.

Ich laufe weiter in den abgetragenen Kleidungsstücken meiner Schwestern herum und ertrage die Hänseleien meiner Schulkameraden. Wie gern hätte ich einmal etwas Außergewöhnliches angezogen, worum mich die anderen Kinder beneidet hätten. Die Frau, die ich für meine Mutter halte, raubt mir diese Chance und verdient daran!

Am nächsten Tag erscheint die Nachbarstochter mit dem Mantel in der Schule, und es bildet sich sogleich ein Kreis staunender Mitschüler um sie herum.

Ich stehe abseits.

In dieser Zeit beginnen Hassgefühle in mir zu wachsen. *Wie kann Mutti mir das antun?* Ich weiß nicht, wie ich mich gegen diese Ungerechtigkeit wehren kann. Ich will zurückhaben, was mir gehört!

Heimlich versuche ich mir zurückzuholen, was mir gestohlen wurde. In unbeobachteten Momenten stecke ich Geld ein, das Mutter mit dem Verkauf ihrer Gummiringe und Einweckgläser verdient hat. Ich nehme mir zurück, was sie mir gestohlen hat.

Aber das Geld macht mich nicht glücklich. Davon kann ich mir keine Freunde kaufen. Und auch keine Unbeschwertheit.

# TEIL 2

## LEBEN MIT DER WAHRHEIT

# KAPITEL 6

Bis zu meinem elften Lebensjahr flüchte ich mich immer wieder in einen Dornröschenschlaf und träume von Elfen, Feen und dem großen Glück.

Ich fiebere dem Tag von Vaters Entlassung aus dem »Krankenhaus« entgegen. Dann rückt seine Heimkehr endlich näher. Doch meine unendliche Freude wird jäh zerstört.

Einen Tag vor seiner Entlassung ruft mich meine Mutter zu sich, als ich aus der Schule nach Hause komme. »Morgen kommt Vati zurück. Aber nicht, wie ich immer gesagt habe, aus dem Krankenhaus, sondern aus dem Gefängnis. Er hat deiner ältesten Schwester ein Kind gemacht, und dieses Kind bist du! *Blutschande.* In dir sah ich immer das Kind der Sünde meines Mannes ...«

Ich verstehe gar nichts. Ich spüre bloß, dass die Worte etwas Entsetzliches, Grauenvolles, Grausames bedeuten.

*Was ist »Blutschande«?* ... Bilder eines um den Tisch flüchtenden Mädchens tauchen vor meinen Augen auf ... *Was heißt »Kind der Sünde meines Mannes«?*

»Wenn sie den Mund aufgemacht hätte, wäre es nicht so weit gekommen. Für eine Abtreibung war es zu spät!«

Ich höre die Stimme der Frau, die ich bis vor wenigen Sekunden für meine Mutter gehalten habe. Ich fliehe aus dem Zimmer, fliehe vor den Worten.

Ich laufe in den Garten, in meine Märchenwelt, wo aus

Raupen Schmetterlinge werden und wo aus Schatten Dämonen wachsen. Später verkrieche ich mich ins Mädchenzimmer unter dem Dach.

Obwohl ich die Einzelheiten nicht kenne und die Zusammenhänge nicht verstehe, habe ich das Gefühl, ich weiß längst, was geschehen ist. Ich habe vieles miterlebt. Mir ist, als wäre »es« mir selbst geschehen ...

Doch mir fehlt jemand zum Reden, einer der mir meine Fragen beantwortet, der mir Erklärungen gibt. Ich fühle mich mutterseelenallein und ohnmächtig.

Ich beginne Tagebuch zu führen. Regina hatte mir eines zu meinem zehnten Geburtstag geschenkt. Das Schreiben hilft. Die Ängste und Erlebnisse finden in geschwungener Kinderschrift Platz auf den weißen Seiten.

Andere Mädchen heften Glanzbilder in Sammelalben, ich schreibe mir Erlebnisse, Gehörtes und Gesehenes, Verstandenes und Nichtverstandenes von der Seele.

Wie durch eine porös gewordene Mauer sickert das Wissen nach und nach in mein Bewusstsein. Meine Kindheit war eine Lüge. Nichts ist das, wofür ich es hielt.

Marina. Meine älteste Schwester. Nein. Marina, meine Mutter ... Ich bin die Tochter dieser jungen Frau mit dem künstlerischen Talent.

Und die Frau, die ich für meine Mutter hielt? Die Ehefrau meines Vaters. Meine Stiefmutter? Meine Pflegemutter? Meine Großmutter?

Wer bin ich? Wer ist für mich verantwortlich? An wen kann ich mich wenden? Wer gibt mir Halt? Wem kann ich noch vertrauen?

Vater ist wieder da. Doch nun werden die Auseinandersetzungen zu Hause noch unerträglicher. Ich bin für jeden

Abend dankbar, an dem Frieden herrscht. Aber davon gibt es nicht viele. Zank und Geschrei, Handgemenge und wütendes Gebrüll sind die Regel.

Ich werde aufsässig, lehne mich auf, doch ich weiß nicht, wogegen. Nichts ist richtig in meinem Leben.

Ich will provozieren, ich will zerstören, ich will Antworten.

In den nächsten Wochen und Monaten bin ich nicht mehr das stille und verträumte Mädchen, das sich nicht zu wehren weiß. Ich bin aggressiv und finde immer eine Gelegenheit, mir Luft zu verschaffen.

Da steht etwa das Holzhaus in unserem Garten. Ich habe eine Idee. Mit Kreide schreibe ich in Großbuchstaben auf die der Straße zugewandte Front: »Frau Schulte ist doof!« – *Haha.*

Frau Schulte ist die beste Kundin der Frau meines Vaters, die nach wie vor mit ihren Gummiringen und Büroklammern durch die Gegend fährt. Hoffentlich ist Frau Schulte so sauer, dass sie niemals wieder auch nur einen Pfennig an diese Frau bezahlt!

Als die Frau meines Vaters die Schmiererei bemerkt, packt sie mich und versohlt mir den Hintern. Ich gebe keinen Mucks von mir und lasse die Tracht Prügel widerstandslos über mich ergehen.

Bei anderer Gelegenheit lasse ich einen Luftballon unter dem Wasserhahn so lange mit Wasser voll laufen, bis dieser platzt und das Badezimmer in eine Tropfsteinhöhle verwandelt. Dabei stelle ich mir vor, wie die Frau meines Vaters auf allen vieren über den Boden kriechen muss, um alles wieder trockenzuwischen, während ich hüpfend das Haus verlasse.

Als sie mir diesmal auf die Schliche kommt, greift sie

zum Holzlöffel, um mich zu verprügeln. Meine Miene bleibt unbewegt.

Ich lache schadenfroh, als der Frau meines Vaters eines Freitagabends beim Anheizen des Badezimmerofens ein Funke in die Holzwolle überspringt und ein Brand ausgelöst wird. Als ich in die Flammen starre, die sie hektisch zu löschen versucht, male ich mir aus, was für ein tolles Gefühl es wäre, aus dem Atelier meines Vaters eine Flasche Aceton zu holen und das Haus damit in die Luft zu sprengen.

Ich stehe die erste Zeit, nachdem ich die Wahrheit über meine Entstehung erfahren habe, unter Schock und bin zugleich erleichtert. Doch ich kann weder das eine noch das andere Gefühl einordnen.

Wie soll mein kindlicher Verstand realisieren, dass die Frau, die ich für meine Mutter gehalten habe, tatsächlich meine Großmutter ist? Wie soll ich sie nennen? Oma? Großmutter? Großmuttermutter?

Eines Tages erhalte ich einen Brief von Marina. Nicht von meiner ältesten Schwester. Nein. Von meiner wahren Mutter. Meiner Schwestermutter.

Marina ist inzwischen Mitte zwanzig und lebt mit ihrem Sohn Mario in Berlin, wo sie Kunst an der Hochschule für Bildende Künste studiert.

Sie schreibt, sie habe das Sorgerecht für mich beantragt und dass es nun nicht mehr lange dauern wird, bis sie mich zu sich nach Berlin holt. Zu sich und meinem Bruder.

Die Frau meines Vaters fühlt sich angegriffen. »Die ganzen Jahre durfte ich dich aufziehen und durchfüttern, und auf einmal holt sie dich nach Berlin!«, ereifert sie sich.

Es geht plötzlich alles sehr schnell.

Gleich am ersten Tag der Sommerferien packe ich meine Koffer. Ich nehme auch das Tagebuch mit.

Die Frau meines Vaters bringt mich nach Berlin. Sie schimpft und nervt mich während der Fahrt, die damals noch durch die Zonengrenze führt. Ich bin erleichtert, als wir endlich vor dem Haus ankommen, in dem *meine richtige Mutter* wohnt.

Als wir an der Haustür in der Reichsstraße in Berlin-Charlottenburg klingeln, klopft mein Herz heftig. In mir ist eine unbestimmte Freude und Zuversicht. Ich kann es kaum erwarten, endlich bei Marina zu sein. Ich stelle es mir als ein Nachhausekommen vor.

»Gott, was hast du blaue Augen!«, entfährt es Marina bei der Begrüßung erschrocken.

Zaghaft lächele ich. Sie wird sich schon noch daran gewöhnen, dass ich ihre Tochter bin, wie ich mich daran gewöhnen werde, dass sie meine Mutter ist.

Skeptisch werfe ich einen Blick auf den sechsjährigen Jungen mit den dunklen Augen und schwarzen Haaren, der sich dicht an Marinas Seite drängt und mich mit gerunzelter Stirn mustert. Es ist Mario, mein griechischer Halbbruder.

Innerhalb weniger Wochen hat sich mein Leben komplett geändert. Es kann doch nur besser werden, glaube ich. Ich bin froh, als die Frau meines Vaters endlich abreist, zurück in dieses Dorf.

Doch ich habe schon bald Sehnsucht nach meinem Vater. Wäre er jetzt hier, wären wir eine richtige Familie. Oder?

Marina geht jeden Tag in die Hochschule für Bildende Künste, und nebenbei verdient sie sich Geld als Modedesignerin und Schneiderin dazu.

Ich werde in das Erich-Höppener-Gymnasium in Berlin-

Charlottenburg eingeschult. Alles wirkt auf mich fremd und befremdend.

Meine langen schwarzen Haare werden auf Anordnung meiner Schwestermutter raspelkurz geschoren.

Ich habe das Gefühl, ich lebe in einer Art Unwirklichkeit; es gelingt mir nicht, Anschluss an die Realität herzustellen. Mein neues Leben hat mit meinen Illusionen nichts zu tun. Es sind zwei verschiedene Welten.

In der Schule kann ich dem Unterricht nicht folgen. Zu viele neue Eindrücke strömen auf mich ein, die mich ablenken, mich verwirren und beschäftigen und die ich verarbeiten muss.

Mich fasziniert ein hübsches schlankes Mädchen mit langen haselnussbraunen Haaren, das einen schwarzen Lackmantel trägt und jeden Morgen von einem Chauffeur gebracht und geholt wird. In einer Luxuslimousine, wie ich noch nie zuvor eine gesehen habe.

Ich erfahre, dass sie die Tochter einer sehr berühmten UFA-Schauspielerin ist. Es ist Susanne Uhlen, die Tochter von Gisela Uhlen, die zu diesem Zeitpunkt mit Wolfgang Kieling verheiratet ist. Oft starre ich sie an wie ein Wesen von einem anderen Stern. Sie ist so elegant. So schön. So klug. Aber sie hat keinen Blick und keine Worte für mich. Ich versuche, mir ihr Leben vorzustellen, stelle mir mein eigenes auch so vor.

Ich möchte berühmt werden, reich und berühmt. Nach und nach tausche ich die Bilder der grausamen Realität gegen meine eigenen Wunschvorstellungen von der Zukunft. Im Tagebuch haben die Lieblingsträume Platz.

Auf dem Papier entwerfe ich Frauenbilder von mir. Ich sehe mich nicht als duldende und schweigende Ehefrau und Mutter. Autorin und Schriftstellerin möchte ich werden, und zwar eine, die herausfordert, hinterfragt, provoziert, Zivilcourage hat. Eine eigene Familie und einen komfortablen Lebenswandel wünsche ich mir. In meinen Träumen habe ich keine schiefen Augen und Zähne, da leiste ich mir alle Korrekturen, die meiner Wunschvorstellung entsprechen.

In der Realität habe ich es nicht so leicht. Ich schaffe es in der neuen Schule zum Beispiel nicht, dem Unterricht zu folgen. Die Wissenslücken, die ich habe, kann ich nicht schließen. Ich werde nicht versetzt.

Die Schuldirektion bittet meine Schwestermutter zu sich und rät ihr, mich von der Schule zu nehmen. Ich spüre Marinas Enttäuschung. Sie wollte mir diese Chance bieten.

Ich wechsele auf eine Realschule. Auf die Waldschule.

Berlin ist eine laute, eine lärmende Stadt, die alles übertönt. Ein multikultureller Moloch, der alles in sich aufsaugt und verschlingt, alles in sich begräbt. Ich drohe darin unterzugehen.

Ich habe Angst in dieser Riesenstadt. Heimweh nach meinem Vater, seinem Verständnis und seiner Wärme; Sehnsucht nicht nach dem Mann, der das Mädchen verfolgte, das meine Schwestermutter wurde, sondern nach dem Mann, der Honigbienen für mich malt.

Meine Hoffnungen, endlich Wärme und Geborgenheit zu finden, erfüllen sich in Berlin nicht. Meine Schwestermutter verhält sich mir gegenüber kühl und abweisend. Es versetzt mir einen eifersüchtigen Stich, wenn ich beobachte, wie sie gemeinsam mit meinem Bruder in die Badewanne steigt und ihm mit liebevollen Händen den Kopf schamponiert. Er lacht und spritzt sie nass. Ihre Vertrautheit und Fröhlichkeit dringt bis in mein Zimmer, wo ich mich in eine Decke einkuschele. Ich friere, obwohl das Zimmer warm ist. Auf das Buch vor mir kann ich mich nicht konzentrieren.

*Warum ist sie zu mir nicht so? Ich möchte auch in den Arm genommen werden.*

Manchmal darf Mario in ihrem Bett schlafen. Einmal stehe ich in der Schlafzimmertür und sehe zu, wie sie den Sechsjährigen zudeckt und ihm durch die Haare wuschelt. »Darf ich auch in dein Bett?«, frage ich.

Sie lacht auf. »Das hat mir noch gefehlt! Du bist zu groß. Für dich reicht der Platz nicht.«

Wortlos drehe ich mich um und ziehe mich zurück. Zwischen meiner Schwestermutter und mir herrscht eine Fremdheit, die ich nicht überbrücken kann.

Vormittags geht mein Bruder in die Schule und anschließend in einen Hort, wo er unter Aufsicht Hausaufgaben macht. Er fühlt sich dort nicht sehr wohl. Er vermisst auch einen Vater.

Wenn wir allein zu Hause sind, bevor Marina von der Hochschule heimkommt, machen wir manchmal Doktorspiele. Fesseln einander. Wollen auf unsere kindlich ungeschickte Art die Spiele der Erwachsenen spielen, die wir vom Hörensagen oder Sehen kennen.

Mich plagen Gewissensbisse. *Ist es das, wofür man ins Gefängnis kommt, und wenn ja, warum?*

Als meine Schwestermutter an der Hochschule für Bildende Künste einen Mann kennen lernt, einen Dozenten, spitzt sich die Situation zu Hause zu. Ich kann ihn genauso wenig leiden wie er mich.

Andreas hat rote Haare, bildet sich etwas auf sein An- und Aussehen ein, steckt aber voller Minderwertigkeitskomplexe.

Als er das erste Mal bei uns zu Besuch ist, sitze ich im Flur auf dem Boden, über ein Puzzle gebeugt. Die Tür ist nur angelehnt, er und Marina reden über mich. Die Art, wie er sich nach mir erkundigt, sagt mir, dass er mich nicht mag.

»Ist sie deine Schwester?«, fragt er.

Ich halte den Atem an und lausche.

»Ja«, antwortet meine Schwestermutter.

Mir schießen die Tränen in die Augen, und ich muss schlucken. Sie verleugnet mich, meine leibliche Mutter steht nicht zu mir. Ich fühle mich verraten und bin unsagbar enttäuscht.

In den nächsten Wochen spüre ich deutlich, wie sehr Andreas meine Anwesenheit nervt. Nie hat er ein Lächeln für mich, und Marina sorgt dafür, dass ich in meinem Zimmer bleibe, wenn er zu Besuch ist. Es herrscht eine bedrückende, feindliche Stimmung, die mir auf der Seele lastet.

Manchmal erlebe ich, wie Andreas meinen Bruder schlägt, als glaube er, dem Jungen fehle die strenge Hand eines Vaters. Diese Rolle will er anscheinend übernehmen. Ich empfinde es als Unrecht und leide mit Mario, aber ich weiß ihm nicht zu helfen. Warum spielt sich dieser Mann so auf? Ist es nicht schlimm genug, dass ich das bisschen Liebe meiner Schwestermutter mit Mario teilen muss? Wenn Andreas da ist, bleibt für mich überhaupt nichts mehr übrig.

Als Marina ihm Wochen später gesteht, dass ich ihr Kind bin, verändert das die Situation auch nicht zum Guten. Sie erzählt ihm von dem Missbrauch und der »Familienschande«, und ihr fällt nichts Besseres ein, als den Vorschlag zu machen, mich in ein Internat zu geben.

Ich fühle mich unwillkommen und heimatlos und weiß

nicht, wie ich mich dagegen wehren soll, abgeschoben zu werden. Meine eigene Mutter will mich loswerden, so interpretiere ich es.

Jeden Abend muss ich ein Protokoll darüber anfertigen, was ich den ganzen Tag gemacht habe. Wenn meine Schwestermutter zeitliche Lücken entdeckt, bohrt sie nach, wo ich war. Dabei habe ich mich nur um ein, zwei Stunden verrechnet.

Sie merkt nicht, wie sehr sie mich mit ihrem Kontrollzwang quält, ihren kranken Fantasien, ihrem Misstrauen.

Eines Tages äußere ich den Wunsch, meinen Vater zu besuchen. Das löst keine Begeisterung aus, aber sie kann mir nicht verbieten, die Osterferien bei ihm zu verbringen.

Mein Vater bietet mir vor meiner Abreise nach Berlin an, ich könne jederzeit heimkommen, wenn sich mein Entschluss als Irrtum erweise. Von seinem Angebot will ich Gebrauch machen. Ich will lieber freiwillig aus Berlin weggehen, als von meiner Schwestermutter und ihrem Freund abgeschoben zu werden.

Ich sage der Frau meines Vaters, dass ich nicht zurück nach Berlin und in Ostbevern bleiben will. Sie blockt ab. Schluchzend schildere ich ihr meine Nöte, dass Marina keine Zeit für mich hat, mich nicht gut behandelt, dass sie Dinge von mir fordert, die ich nicht leisten kann, ich sage, dass sie mich nicht will und meine Nähe nicht ertragen kann. Alles Flehen hilft nicht. Ich muss erst einmal wieder zurück nach Berlin.

Dass mein Vater sich scheiden lassen will und ich durch eine Rückkehr aus Berlin diese Pläne durchkreuzen würde, ahne ich nicht.

Wieder in Berlin, treffe ich erneut auf Ablehnung und Zurückweisung. »Ich kann keine blauen Augen sehen – sie erinnern mich an meinen Vater«, sagt Marina ein ums andere Mal. Ihren Sohn himmelt sie an. Er hat dunkelbraune Augen.

Im Sommer packe ich heimlich meine Koffer. Ich nehme das Geld, das für den Geigenunterricht bestimmt ist, lasse ein Taxi kommen und mich zum Flughafen bringen.

Selbstbewusst gehe ich an den Schalter, buche einen Flug nach Hannover. Ich habe Glück, die nächste Maschine geht zehn Minuten später. Ab Hannover nehme ich einen Zug, komme spätabends in Münster am Hauptbahnhof an. Marina lässt mich bereits suchen. Ich gelte seit Stunden als vermisst.

Nie wieder werde ich gutmachen können, was sie in diesen Stunden und in der nächsten Zeit erleidet. Es geht dabei aber weniger um mich.

Marina droht meinem Vater, ihn wegen Kindesentführung anzuzeigen, wenn er mich nicht auf der Stelle zu ihr zurückschickt.

Die Absurdität liegt darin, dass mein Vater, der biologisch auch mein Großvater ist, bis 1968 als nichtehelicher Vater dem Gesetz nach als nicht mit mir verwandt gilt und mir das Bleiben im Elternhaus nicht gestatten darf, weil er sich sonst der Kindesentführung schuldig machen würde, worauf ihm während der Bewährungszeit eine erneute Gefängnisstrafe drohen würde. Schließlich ist er zweifach vorbestraft. Es bleibt ihm also nichts anderes übrig, als meine Mutter der Unfähigkeit zu bezichtigen, mich aufzuziehen.

Ich will auf keinen Fall nach Berlin zurück. Was soll ich in Berlin, in dieser die Sinne überwältigenden Stadt, die alles unter sich vergräbt und verschlingt und in der ich weder eine liebevolle Mutter noch einen Vater habe?

Marina sagt zu mir am Telefon: »Wenn du nicht auf der

Stelle zurückkehrst, werde ich alle Hebel in Bewegung setzen, um dich in ein Erziehungsheim zu kriegen!«

Damit hat sie mich verloren.

Mich kann man nicht besitzen, ich lasse mich nicht gängeln, kontrollieren, schikanieren.

Mir bleibt nur noch mein Vater in meinem Leben. Ich muss mich mit ihm gegen meine leibliche Mutter verbünden und helfe ihm, mit meinen Berichten über die Zustände in Berlin, Zeilen über die erzieherische und moralische Unfähigkeit meiner Mutter zu formulieren. Ich erzähle ihm, dass Marina Mario zwingt, sich nackt mit heruntergelassener Hose und entblößtem Gesäß stundenlang in die Ecke zu stellen, wenn er etwas angestellt hat.

Mein Vater bezichtigt sie, so wie seine Frau es getan hat, der Hurerei. Er gewinnt.

Es geht mir sehr schlecht, auch wenn ich froh bin, dass ich wieder zurück in Ostbevern bin. Den Schaden an meiner Seele kann ich zu diesem Zeitpunkt nicht ermessen.

Nur wenige Wochen nach meiner Rückkehr aus Berlin wird im Zuge des Gleichstellungsgesetzes nichtehelicher und ehelicher Kinder die Rechtsprechung geändert. Ab nun gelten Väter nichtehelicher Kinder mit ihren nichtehelichen Nachkommen als verwandt. Das Gesetz, das eigentlich die Erbschaftsansprüche regeln soll, lässt auch meinen Vater ab sofort als verwandt mit mir gelten, wodurch sein Antrag auf das Sorgerecht für mich einen völlig neuen Stellenwert erhält.

Das Jugendamt spricht meiner Mutter die Fähigkeit zu meiner Erziehung ab, meinem Vater wird das Sorgerecht für mich erteilt und mir das Recht zum Bleiben im Elternhaus in Ostbevern eingeräumt.

Alles ist geregelt.

Ich habe Marina verloren, noch bevor ich sie als Mutter gewonnen habe. Ihren letzten Brief, den letzten Brief meiner leiblichen Mutter, bewahre ich in der Schublade meiner Nachtkommode auf. Manchmal hole ich ihn abends hervor und lese ihn ein ums andere Mal, als hege ich die Hoffnung, zwischen den Zeilen irgendetwas Tröstliches zu finden. Doch sie schreibt: »Wer so geht wie du, schlägt sich für immer eine Tür zu!«

Marina meldet sich nicht mehr bei mir, und ich frage mich, wann wir uns wiedersehen werden – zu diesem Zeitpunkt ahne ich nicht, dass neunzehn Jahre ohne ein Wiedersehen vergehen werden.

Unsere verlorene Zeit werden wir nie mehr nachholen können.

## KAPITEL 7

Der Alltag in Ostbevern ist nach kurzer Zeit organisiert. Mein Vater hat dafür gesorgt, dass ich die städtische Realschule besuchen kann, die nur sieben Kilometer vom Elternhaus entfernt ist.

Er selbst hat als Grafiker mittlerweile Arbeit in der Werbeagentur eines bekannten Großkaufhauses in Essen. Sein Führungszeugnis wird unter Verschluss gehalten, damit keine Unruhe unter den Arbeitskollegen entfacht wird. In dieser Agentur arbeitet auch eine Frau namens Käthe, die mein Vater bereits kennt. Sie hatte im Grafikatelier meiner Patentante Josefine ihre Ausbildung absolviert. Dort begegnete ich bei Besuchen auch ihrer Tochter Monika.

Käthe ist offiziell der Grund, warum mein Vater sich scheiden lassen möchte. Er lebt bereits mit ihr in ihrer Essener Wohnung zusammen und kommt nur übers Wochenende nach Ostbevern.

Ich freue mich jedes Mal auf ihn. Er ist der einzige Mensch in meiner Familie, der mir das Gefühl gibt, nicht völlig unwillkommen auf der Welt zu sein.

In der neuen Schule wissen die meisten Schüler zum Glück nicht viel über mich. Ein Großteil denkt, ich wäre aus Berlin zugezogen. Nur einige ehemalige Mitschüler, die nach der Grundschule auf die Realschule in Telgte gewechselt sind, kennen mein Elternhaus und möglicherweise auch meine Geschichte.

Nachdem ich mich in die neue Klasse eingewöhnt habe, meine Herkunft und der Standesdünkel hier keine unmittelbare Rolle spielen, bekomme ich auch nach und nach mehr Kontakt zu den Mitschülern. Ich arbeite bald für die Schülerzeitung und in der Schülermitverwaltung und wirke im Laienspieltheater der Theater AG mit.

Gedichte und meine ersten Kurzgeschichten erscheinen in der Schülerzeitschrift, später auch in Jugendzeitschriften.

Der Chefredakteur einer Tageszeitung, für die mein Vater den Schriftzug auf dem Titelblatt kalligrafisch gestaltet hat, bestätigt mir journalistisches Talent und schriftstellerische Begabung.

Dennoch habe ich Angst zu versagen. Angst, die Bilder der Vergangenheit könnten stärker sein. Ich habe kein Selbstvertrauen, weiß nicht, wem ich was glauben kann.

Ich werde eines Tages zur Klassensprecherin gewählt und schließlich sogar als Kandidatin bei der Schülersprecherwahl aufgestellt, die ich aber in Bausch und Bogen verliere, wahrscheinlich wegen der allzu braven und viel zu lehrerfreundlichen Rede. Ich werde ausgepfiffen.

Es ist die Zeit des beginnenden und sich steigernden Baader-Meinhof-Terrors. Che Guevara und Martin Luther King sind die Helden dieser Zeit. Meine Freunde und ich hören Creedence Clearwater Revival, Pink Floyd, die Rolling Stones und T. Rex.

Ich teste immer mal wieder meine eigenen Grenzen aus und probiere, womit ich besser an- und durchkomme, mit Prügeln oder mit verbaler Provokation.

Als ein Bauernjunge nach meiner Niederlage als Kandidatin bei der Schülersprecherwahl auf dem Schulhof eine dumme Bemerkung macht, bekommt er kurzerhand eine

Tracht Prügel von mir. Ich packe ihn, werfe ihn zu Boden, schlage auf ihn ein, bis er nach Luft schnappt, um Gnade fleht und nach einem Lehrer ruft, der ihm auch glücklicherweise zu Hilfe kommt.

Was beherrsche ich besser? Worte oder Schläge?

Ich stelle fest, dass meine Bemerkungen wie Pfeile treffen können und meine Sätze sitzen. Ich empfinde die verbalen Hiebe wirksamer als das Verteilen von Prügeln.

Immer noch ist es mein Herzenswunsch, Schriftstellerin zu werden. Doch mein Vater und seine Frau sagen, ich soll etwas Vernünftiges lernen.

Dann werde ich eben Journalistin.

An sonnigen Herbsttagen wartet die Frau meines Vaters regelmäßig mit dem Fahrrad vor der Schule auf mich. Mit Eimern geht es in den Wald, Blaubeeren und Pilze sammeln bis die Kübel voll sind. Stundenlang.

Einmal rutscht sie auf dem Rückweg mit dem Vorderrad im Sand aus, kippt mit dem Fahrrad zur Seite und landet mitsamt den Blaubeeren im Graben.

»Aufsammeln!«, befiehlt sie im Aufstehen.

Ich verkneife mir das Lachen, bevor ich mich seufzend an die Arbeit mache und die Blaubeeren aus dem Sand klaube.

Als wir das Dorf erreichen, machen einige Bekannte Bemerkungen über die bis oben gefüllten Eimer, die an den Fahrradlenkern hängen.

»Wollen Sie kaufen?«, ruft die Frau meines Vaters. Die meisten Leute winken ab. Aber dann verkauft sie doch ein Pfund. So hart gesammelte Blaubeeren gibt es nirgendwo zu diesem Preis.

Bei einem Besuch in Essen bei meinem Vater und seiner Freundin erfahre ich, dass Käthes Tochter Monika aus einer Vergewaltigung entstanden ist.

Käthe hatte einen Handwerker zu sich ins Haus bestellt, der sie plötzlich ins Schlafzimmer drängte und vergewaltigte. Bald darauf stellte sie fest, dass sie schwanger war. Eine Abtreibung kam für sie als Christin und praktizierende Katholikin nicht in Frage.

Sie überließ das Mädchen zur Erziehung ihrer Schwester, die in geordneten Verhältnissen lebte, wohlhabend war und selbst keine Kinder bekam. So konnte sie ihre Tochter aufwachsen sehen und jederzeit besuchen. Jahrelang galt sie als die Tante des Kindes.

Nachdem Monika erfahren hatte, dass ihre Tante Käthe in Wirklichkeit ihre Mutter ist, besuchte sie Käthe regelmäßig und die Beziehung wurde intensiver.

Ich empfinde Monika als eigenartig. Einmal überrasche ich sie vor Käthes Haus im Auto meines Vaters. Sie kniet auf dem Fahrersitz und hält ein Küchenmesser in der Hand, mit dem sie in das Lenkrad schneidet und die dunkelbraunen Ledersitze aufschlitzt.

»Bist du verrückt geworden?«, schreie ich und reiße die Fahrertür auf. Ich versuche, sie aus dem Auto herauszuholen, aber sie schüttelt mich ab.

»Dieses Schwein! Dieses verdammte Schwein!« Ihr Gesicht ist tränenüberströmt und vor Wut verzerrt. Ich lasse sie los und weiche ein paar Meter zurück. Sie macht mir Angst.

Ein paar Wochen später wird mir speiübel, als ich die Küche in Käthes Wohnung betrete. Es stinkt bestialisch und an den Schränken, der Anrichte, auf dem Tisch und auf dem Linoleumboden sind braune Spuren von Kot.

»Mein Gott, was ist hier passiert ...« Ich halte mir die Hand vor Nase und Mund und starre auf das Ekel erregende Chaos.

Hinter mir taucht Käthe im Kittel mit einem Putzeimer und einem Schrubber auf. Ihr Mund ist verkniffen. »Das war Monika. Sie spinnt in letzter Zeit.«

Später frage ich meinen Vater, ob er wisse, warum sich Käthes Tochter so merkwürdig verhält.

Mein Vater winkt ab. »Ach, mach dir keine Gedanken um sie. Sie ist ein eifersüchtiges Ding.«

»Auf was ist sie denn eifersüchtig?«

»Was weiß ich? Nimm sie nicht so wichtig. Sie kriegt sich schon wieder ein.«

Ich glaube ihm. Was bleibt mir auch anderes übrig?

Was weiß ich in dem Alter von sexuellem Missbrauch, von Kinderschändern und Pädophilen? Ich weiß ja nicht mal genau, was im Leben meiner leiblichen Mutter und in meinem eigenen Leben passiert ist.

Mein Vater wartet darauf, die Scheidung einreichen zu können. Doch wenn er sich jetzt scheiden lassen würde, bestünde für mich die Gefahr, doch noch in ein Heim zu müssen. Nach Essen kann und will mich Vater zwei Jahre vor Schulabschluss nicht mitnehmen. Also beschließt er, die Jahre bis zu meiner Volljährigkeit mit der Scheidung zu warten. Es bleibt also zunächst einmal alles so, wie es war.

Regina und ich sind die einzigen Töchter im Haus. Angelina hat mit sechzehn Jahren einen wesentlich älteren Mann kennen gelernt und heiratet ihn später. Babette hat für Aufregung und Gerede im Dorf gesorgt, als sie sich in einen dunkelhäutigen Ingenieur aus Nigeria verliebte und ihm nach Afrika folgte.

An den Wochenenden ist bei uns regelmäßig die Hölle los.

Einmal springt Regina aus dem Fenster des Mädchenzimmers – sie landet auf dem Rasen –, weil die Frau meines Vaters vor ihm in unser Zimmer geflüchtet ist, abgeschlossen hat, und er vor Wut rasend die Tür aufzubrechen droht.

In solchen Momenten hasse ich beide. Die Frau meines Vaters für ihre Unfähigkeit, einen Schlussstrich zu ziehen, und ihn für sein Theater, das er jedes Wochenende veranstaltet, statt nach zwei Gefängnisaufenthalten froh zu sein, dass er diese zweite Chance überhaupt bekommen hat.

Auch die Auseinandersetzungen zwischen der Frau meines Vaters und mir werden immer aggressiver.

Sie wirft wegen meiner ersten Zigaretten mit einem vollen Aschenbecher nach mir und rastet förmlich aus, als ich eines Tages mit einem Marsha-Hunt-Lockenkopf nach Hause komme.

Wenn ich allein zu Hause bin, durchforste ich die Bibliothek meines Vaters.

Heimlich lese ich seine pornografischen Bücher, Werke wie »Josephine Mutzenbacher«. Aufgeklärt hat mich niemand. Ich informiere mich in der »Bravo« auf den Seiten von Dr. Sommer.

Als die Frau meines Vaters ein Heft unter meinem Kopfkissen entdeckt, gibt es lautstarken Krach.

Ein ums andere Mal schreit mir die Frau meines Vaters durchs ganze Haus nach, ich solle spätestens mit achtzehn das Haus verlassen und es nie wieder betreten, sie habe mich lange genug durchgefüttert. Ich solle mich nicht zu sehr auf meinen alternden, egoistischen Vater verlassen, sondern endlich eine Beziehung zu meiner leiblichen Mutter aufbauen.

Sie scheint vergessen zu haben, dass sie meinen Kontakt zu Marina bisher keinesfalls gefördert hat, sondern eher zu verhindern versuchte.

In dieser Zeit jedoch redet sie hauptsächlich schlecht über meinen Vater. Nach all den Jahren will sie den Charakter des Mannes nun durchschaut haben, der zuerst ihre Familie und ihr Leben zerstört und sich jetzt eiskalt von ihr scheiden lassen will ... »Unter Hitler wäre dein Vater am nächsten Baumpfahl aufgeknüpft worden, und du wärest zu Versuchszwecken ins KZ gekommen!«, sagt sie einmal am Mittagstisch.

Ich bin froh, dass dieser Hitler, von dem ich schon im Geschichtsunterricht Grausames gehört habe, nicht mehr lebt.

# KAPITEL 8

Ab meinem vierzehnten Lebensjahr gehe ich nach der Schule regelmäßig in ein Lokal namens »Forum«, das einen ziemlich schlechten Ruf hat. Dort treffe ich mich mit mehreren anderen Mädchen.

Wir haben Stammplätze und verbringen beinahe jeden Nachmittag hier, rauchen und trinken Cola, in die wir uns manchmal einen Schuss Hochprozentiges aus einer heimlich mitgebrachten Flasche kippen. Wir tragen die mit Henna gefärbten Haare lang und mit Mittelscheitel, und der Lidstrich ist wie ein schwarzer Balken über den Augen gezeichnet. Wir tuscheln, kichern, träumen und taxieren mit verstohlenen Blicken die umstehenden Jungen, die meist ein oder zwei Jahre älter sind als wir. Keiner von denen weckt jedoch tatsächlich unser Interesse. Bis an einem Donnerstagnachmittag ein allseits beliebter und bewunderter Lehrer unserer Schule das Lokal betritt.

Unsere Gespräche verstummen, während wir Franz Martens beobachten, der mit jugendlichem Schritt zur Theke geht und sich ein Bier bestellt. Er verhält sich so, als wäre es das Selbstverständlichste der Welt, dass er in unserem Szene-Treff aufkreuzt.

Jede von uns himmelt ihn an, er prostet uns zu, und in den nächsten Wochen bietet er immer mal wieder einer von uns an, sie in seinem offenen Karmann Ghia nach Hause zu fahren.

Doch das macht er nicht aus reiner Nettigkeit, wie wir nacheinander erfahren.

Unser Lehrer ist auf sexuelle Abenteuer mit möglichst jungen Mädchen aus und hat darüber hinaus die Absicht, sich mit Pornofilmen etwas Geld dazuzuverdienen. Zunächst hat jedoch keine von uns den Mut, sich einer anderen anzuvertrauen.

Was er von mir erwartet, als ich an der Reihe bin, ist mir vertraut: Ich soll tun, was er sagt, und mit niemandem darüber reden.

Irgendwann kreisen unter uns Mädchen diese sexuellen Geschichten dann doch als offenes Geheimnis, eben nur für Eingeweihte.

Während ich mich auf diesen älteren Mann einlasse, verliebe ich mich gleichzeitig in einen drei Jahre älteren Jungen. Er wird ›Heipie‹ genannt. Es sind zwei verschiedene Gefühlswelten, die nebeneinander bestehen und zunächst keine Berührungspunkte haben.

Heipie war mal Schülersprecher an unserer Schule und macht gerade sein Fachabitur in Münster, denn er will später Architektur studieren. Wir lernen uns in einem Dritte-Welt-Laden kennen, in dem er jobbt. Nach der Schule treffe ich mich mit ihm im Stadtwald; wir gehen spazieren und reden viel miteinander. Ich erlebe die erste große Liebe und bin glücklich – doch das Glück hält nicht lange an.

Jemand sieht uns Hand in Hand und informiert Heipies Mutter. »Ihr Sohn trifft sich mit dem Mädchen aus *dieser* Familie!«

Die Mutter verbietet Heipie die Beziehung und den Umgang mit mir und droht, ihm sonst nach dem Fachabitur die Unterstützung für sein Architekturstudium zu entziehen.

Sein Vater, ein wegen seines CDU-Engagements angesehener Mann, lebt bereits nicht mehr.

Ich bin fassungslos und schockiert, als Heipie mir mitteilt, dass wir unsere Freundschaft »unterbrechen müssen«.

Wie schwach doch auch die vermeintlich wahre Liebe sein kann ... Heipie schafft es nicht, sich seiner Mutter zu widersetzen, und beendet unsere Freundschaft tatsächlich. »Wir können uns ja wiedersehen, wenn ich mit meinem Studium fertig bin!«, sagt er zu mir.

Glaubt er tatsächlich, wir könnten eines fernen Tages einfach wieder da anknüpfen, wo wir aufgehört haben?

In unserer Mädchenclique wird mit Alkohol und Haschisch experimentiert. Ich probiere, um dazuzugehören, trinke mir meinen ersten Rausch an und ziehe an dem Joint, der die Runde macht. Doch die Drogen haben keine große Wirkung.

Außerdem will ich mich nicht berauschen, ich suche vielmehr Klarheit, Klärung und die Wahrheit. Dazu brauche ich einen ungetrübten Geist und einen wachen Verstand. Um die Menschen zu durchschauen und verstehen zu lernen, bleibe ich lieber nüchtern, auch wenn sich alle um mich herum zudröhnen.

Doch ich habe Liebeskummer. Ich trauere Heipie nach. Ich bin zutiefst enttäuscht und verletzt.

Als die Eltern meiner Freundin Daniela übers Wochenende verreisen, nutzt sie die sturmfreie Bude, um eine große Fete zu veranstalten.

Ich verspüre keine Lust hinzugehen, möchte mich lieber in mein Zimmer verkriechen und mir die Decke über den Kopf ziehen. Doch die anderen überreden mich, und schließlich sage ich mit dem festen Vorsatz zu, mich nach einer Stunde zu verabschieden.

Ich gebe mir nicht viel Mühe, mich zurechtzumachen, binde die langen Haare zu einem Zopf und streife mir einen viel zu großen Pullover über.

Trotzdem gefalle ich Kurt.

Während ich mit Daniela und ihrem Freund an der Bar ihrer Eltern stehe und an meinem Wasser nippe, kommt er – groß und schlank – auf mich zu. Um uns herum wird ausgelassen getanzt, auf der Couch knutschen zwei Paare miteinander, Daniela plündert immer wieder zwischendurch die Vorratskammer und verteilt Chips und Würstchen aus dem Glas. Aus dem Gästeklo hört man die Geräusche eines Jungen, der sich übergibt, und auf den Wohnzimmerfliesen zerspringt klirrend eine Flasche Rotwein.

Ein betrunkener Typ rempelt mich torkelnd an, und Kurt sagt: »Hey, hey«, und schiebt ihn in Richtung Badezimmer von mir weg. Er lächelt mich an, und ich erwidere seinen Blick.

Ich spüre, dass er mich mag. So, wie ich hier stehe.

In dem Chaos um mich herum tut mir Kurts nüchterne, klare Art gut. Äußerlich ist er nicht mein Typ mit seinen rötlichen Haaren und den schiefen Zähnen, aber was heißt das schon?

In Kurt finde ich einen Kameraden und Kumpel.

Von Liebe – weder auf den ersten noch auf den zweiten Blick – kann nicht die Rede sein. Aber was ist denn überhaupt Liebe? Ich kann es nicht sagen, ich habe noch zu wenige Erfahrungen gesammelt.

Ich kenne weder Elternliebe noch Mutterliebe. Ich weiß nicht, wie es sich anfühlt oder bemerkbar macht und woran ich dieses Gefühl erkennen kann. Ich habe ja gerade erst erfahren, wie wenig die große Liebe, die ich Heipie entgegenbrachte, zu tragen vermochte.

Doch Kurt entwickelt sich zu einem wichtigen Verbündeten. Ich will raus aus dem Dorf, weg von zu Hause und dem Umfeld, das mich in seiner Kälte und Lieblosigkeit krank macht, und allein bringe ich nicht den Mut dazu auf. Ich sehne mich nach Herzlichkeit und Geborgenheit, doch die Mauern meines Elternhauses blockieren jedes Gefühl von Wärme.

Ich habe noch nie jemanden gehabt, dem ich meine Ängste und Nöte anvertrauen kann, und der Schmerz über diesen Mangel wird mir immer bewusster, je älter ich werde.

Auch Kurt will sein spießbürgerliches Elternhaus und die Kleinstadt, aus der er kommt, verlassen.

Ich forsche nach den Gründen unserer Beziehung, suche nach tieferen Gefühlen, frage mich, ob er Mitleid mit mir hat oder mich liebt. Obwohl es nebensächlich ist. Mit ihm zusammen werde ich den Absprung schaffen. In den nächsten Wochen schmieden wir gemeinsam Pläne, und Hoffnung auf ein besseres Leben keimt in mir.

Seine Eltern machen aus ihrem Ärger über unsere Beziehung keinen Hehl und versuchen, diese mit allen Mitteln zu verhindern. Sie sind strikt gegen den Umgang mit mir. Mit meinem Elternhaus will niemand zu tun haben, weder mit mir noch mit einem der anderen Mädchen dieser Familie.

»Und kiffen tut sie auch noch!«, macht seine Schwester ihn an.

Je mehr sie gegen diese unstandesgemäße Beziehung intrigieren und uns auseinander zu bringen versuchen, umso stärker wird jedoch unser Trotz.

Durch ihre gehässigen Aktionen treiben sie uns womöglich erst in eine Bindung.

Kurt sagt, er braucht mich, und ist überzeugt von der Idee, mit mir zusammenzuleben.

Ich hänge an ihm, freue mich über seine Geschenke und erlebe erstmals in meinem Leben einen treuen Freund, aber er ist für mich mehr wie ein Bruder; er ist mein Retter, der mich aus diesem Albtraum, diesem Dorf und diesem Elternhaus erlösen soll. Kurt ist ein sehr wichtiger Mensch für mich.

Ganz anders entwickelt sich meine Beziehung zu Franz Martens. Sie wird immer wichtiger für mich. Ich fiebere den heimlichen Treffen mit dem Lehrer entgegen.

Oft holt er mich in seinem Sportwagen ab und fährt mit mir in einen Wald, weitab, wo uns keiner zusammen sieht.

Auf einer dieser Fahrten über die Bundesstraße von Telgte nach Ostbevern zeigt er mir pornografische Bilder, auf denen Kinder zu sehen sind, und er fragt mich, ob ich Lust hätte, in einem Pornofilm mitzuwirken.

Ich kann mit den Bildern nichts anfangen. Diese nackten jungen Mädchen, die von hinten und von vorn, liegend, stehend und gebückt abgebildet gezeigt werden, gespreizte Beine und aufgerissene Schamlippen. Nein, das will ich nicht. Aber Franz' Liebe will ich schon.

Ich kenne kein anderes Bild als das des älteren Mannes, der ein junges Mädchen, ein Kind, sexuell missbraucht und dieses zur »Liebe« verklärt.

Mir ist nichts anderes bekannt, als dass es sich um eine besondere »Vater-Tochter-Liebe« handelt, wie mein Vater es mir erklärt hat. Eine besonders intensive Art und Form der Liebe, für die lediglich diese spießige Gesellschaft kein Verständnis aufbringt.

Ich bilde mir ein, mein Vater wäre stolz auf mich und über meine Wahl. Alle Mädchen schwärmen für Franz, denn er sieht gut aus, ist gut gekleidet, fährt dieses supertolle Auto und verfügt über genug Geld, das ihn unabhängig von der Meinung der Leute sein lässt – all das rede ich mir ein.

Dass er ein Geheimnis aus unserer so einzigartigen Beziehung und Liebe macht, dafür gibt es eine Erklärung, die mir vertraut ist: Die Gesellschaft ist intolerant. Ich bin ja noch nicht mal sechzehn, und unsere große Liebe gefährdet ihn. In meinen Augen riskiert er alles für unser Glück. Seine Anerkennung, seine Ehre, seinen Erfolg, seinen Ruf.

In Wirklichkeit missbraucht er mich. Er weiß vom Verlust unserer Familienehre durch meinen Vater. Er nutzt meine Situation aus, die von Einsamkeit, Isolation und Ächtung geprägt ist.

Er benutzt meine frühreife, kindliche Naivität, weil er davon ausgehen kann, dass er das mit mir, einem »solchen« Mädchen aus einer »solchen« Familie, ruhig machen kann, und setzt treffsicher voraus, dass ihn niemand dabei stören oder dafür zur Rechenschaft ziehen wird.

Es gibt drei Klassen Kinder: die ehelichen, die nichtehelichen und solche Kinder wie mich, Inzestkinder. Die ehelichen genießen die Achtung, Wertschätzung und den Schutz dieser Gesellschaft, die nichtehelichen das Gleichstellungsgesetz. Kinder wie ich aber sind ausgeliefert und geradezu prädestiniert, für erneuten Inzest, sexuellen Missbrauch und Kinderpornografie benutzt zu werden. Denn ihnen fehlt der Schutz einer normalen Familie, das wichtige Gefühl, vom ersten Tag an erwünscht und willkommen zu sein. Kinder, die wie ich keine Rechte und keine Wertschätzung kennen gelernt haben, sind ein gefundenes Fressen für Pädophile, sind die idealen Opfer, da niemand nach ihnen und ihrem Befinden fragt.

Im Schulunterricht kann ich mich nicht mehr konzentrieren. Ich sitze an meinem Schreibpult, die Ellenbogen auf dem Tisch, den Kopf in die Hände gestützt und starre aus dem Fenster. Was der Mathelehrer vorn an der Tafel erklärt, dringt nicht bis zu mir vor. Ich hänge meinen Gedanken nach. Ich bin nicht dümmer als andere Kinder, aber Eindrücke aus dem Elternhaus, die Erlebnisse mit Franz lenken mich ab und beschäftigen mich ununterbrochen.

Ich warte auf den Pausengong und auf den Schulschluss, um in Franz' Auto mitfahren zu dürfen. Einsteigen und wegfahren. Flüchten.

Um seine vermeintliche Liebe nicht zu verlieren, würde ich alles tun, was er von mir verlangt.

Während der Mathelehrer von Formeln und Gesetzen spricht, träume ich davon, endlich alt genug zu sein – wofür auch immer.

Weil ich nicht weiß, was Liebe ist, bin ich schockiert, als ich die Hochzeitsanzeige in der lokalen Tageszeitung sehe. Franz heiratet groß, mit Pauken und Trompeten, in Pracht und Prunk und mit dem Segen der katholischen Kirche. Meine Seele bekommt einen weiteren Riss. Er kann sie doch unmöglich lieben, er liebt doch mich. Das hat er doch gesagt. Warum hat er mir nicht erzählt, dass sein Hochzeitstermin feststeht?

Am Ende der Flitterwochen wartet er auf mich, als wäre nichts geschehen, und erklärt mir, seine Hochzeit habe nichts mit mir zu tun.

Er lädt mich zu sich in seine eheliche Wohnung ein, während seine Frau, eine Krankenschwester, Dienst hat, und zeigt mir den Hochzeitsfilm. Eine feine Gesellschaft.

Er missbraucht mich in seinem frisch bezogenen Ehebett, keine drei Wochen nach der kirchlichen Heirat.

Bald darauf sehe ich andere, jüngere Mädchen unserer Schule in seinen blauen Karmann Ghia einsteigen.

Mein Kummer, das Gefühl, benutzt worden zu sein, steigert sich ins Unerträgliche.

Kurt tröstet mich.

Ich erkenne, dass irgendetwas in meinem Leben schief läuft. Franz hat meinen Kummer nicht verdient.

Ich finde damals Ulrike Meinhof toll, die Namensvetterin, die Journalistin, die in diese feine Gesellschaft Bomben schmeißt.

Und ich bewundere die Biografie Martin Luther Kings, der gewaltlos gegen Diskriminierung und Rassismus kämpft.

Kurt geht zur Bundeswehr, während ich vor der Tatsache stehe, dass ich das Schuljahr wiederholen muss. Mich beschäftigen andere Dinge als der Lehrstoff. Mein Kopf ist voll mit Fragen zum Leben, die eigentlich noch nicht an der Reihe sein sollten.

Nach der Bundeswehrzeit zieht Kurt gegen den Willen seiner Eltern nach Koblenz. Er wird nicht studieren. Sie stellen es so dar, als läge dies an mir. Meine Schwester Regina, die zum damaligen Zeitpunkt in einer Arzneimittelfirma in Deutschland arbeitet, vermittelt ihm eine Ausbildung zum Pharmareferenten.

Seine Eltern sind alles andere als begeistert.

Sie hoffen immer noch, unsere Beziehung würde sich von selbst erledigen. Aber ich folge Kurt nach der mittleren Reife und Beendigung meiner Realschulzeit.

So einfach ist es, sich über die Bedenken von Eltern hinwegzusetzen – denken Kurt und ich, und wir nehmen an, so einfach geht es auch in Zukunft weiter.

Am Tag der Zeugnisverteilung nehme ich nicht mal mehr an der Abschlussfeier teil, sondern verlasse endgültig das Elternhaus und fasse den Vorsatz, es so schnell nicht wieder zu betreten.

Das macht meinem Vater den Weg frei: Er reicht sofort die Scheidung ein und zieht zu Käthe nach Essen, die ihn begeistert aufnimmt. Das, was ihre Tochter Monika ihr inzwischen über ihn anvertraut hat, hält sie vermutlich für verwirrte Teenager-Fantasien.

Als ich den gepackten Koffer aus meinem Zimmer hole, bleibe ich wie zur Salzsäule erstarrt stehen. Ich blicke auf die weiße Tür zum Mädchenzimmer und glaube, meinen Augen nicht zu trauen.

Die Frau meines Vaters hat mit einem dicken roten Filzstift in großer Schrift quer über die Tür das Wort »HURE!« geschrieben. Sie schreit durchs ganze Haus: »Wer sich wie du mit einem Mann einlässt und unverheiratet mit ihm zusammenlebt, ist nicht besser als eine Hure. Aber was soll man schon von dir erwarten, du bist wie dein Vater! Eine muss ja in seine Fußstapfen treten!«

Kurt wartet draußen in seinem Audi, ich steige ein, und er drückt das Gaspedal durch. Als das Ortsausgangschild von Ostbevern hinter mir liegt, atme ich auf und werfe Kurt lächelnd einen Blick von der Seite zu.

»Jetzt wird es gut«, denke ich.

# KAPITEL 9

Das Hochgefühl des Aufbruchs in unser neues Leben hält nur wenige Wochen an. In mir steckt zu viel Unausgegorenes, als dass ich leichtfüßig durchs Leben gehen könnte.

Kurt arbeitet hart und diszipliniert.

Nach seiner Ausbildung und erfolgreichen Abschlussprüfung übernimmt er einen eigenen Bezirk im Außendienst und richtet sich und mir ein Luxusapartment in einem noblen Haus mit eigenem Schwimmbad im Keller ein.

Ich fühle mich wohl, aber nicht zu Hause. In mir ist eine unendliche Leere, die ich nicht beschreiben kann. Meine Seele ist strapaziert, ich bin müde, resigniere. Ich kann meinen Zustand nicht beschreiben und nicht mitteilen. Würde mich jemand fragen, welche Probleme ich habe, könnte ich sie ihm nicht mal benennen. Ich weiß es nicht.

Ich brauche eine Auszeit. Eine Zeit der Selbstfindung. Das Alleinsein erleben und üben. Den Alltag erfahren. Aber ich bin zu schwach, und ich weiß noch nicht wirklich, was gut für mich ist.

Ich kann nicht sagen, dass ich Kurt liebe, ich kann nicht sagen, dass ich ihn nicht liebe, ich kann nichts über meine Gefühle sagen, weil ich über mich selbst nichts weiß. Vielleicht würde ich in einer Zeit räumlicher Distanz feststellen, was er mir bedeutet. Aber als ich diese Überlegung ausspreche, weint er vor Verzweiflung und fleht, ich könne ihn jetzt doch nicht verlassen, wo wir am Ziel unserer Liebe seien.

Meinem Vater zum Gefallen nehme ich eine Lehrstelle in einem Juweliergeschäft in Lahnstein an.

*Will ich nicht Journalistin werden?*

Wenn schon eine Lehrstelle bei einem Juwelier, dann als Goldschmiedin – aber leider bieten sie nur eine Ausbildung zur Industriekauffrau an.

In der Praxis sieht das so aus, dass ich in einem Hinterraum des Ladens, der kein Tageslicht hereinlässt, Uhren putze. Dabei interessiere ich mich viel mehr für Gemmologie, für Edelsteine und Diamanten. Mein Chef ermöglicht mir einen Diamantenlehrgang in Kronberg im Taunus. Mich faszinieren die edlen Steine. Doch als ich von dem Lehrgang zurückkomme, darf ich wieder bloß Uhren putzen und Bestecke polieren.

Mein Chef hat die abstoßende Angewohnheit, von hinten an mich heranzutreten, seinen Arm um meine Schultern zu legen und mich »Liebchen« zu nennen.

Ich bin nicht sein Liebchen.

Ich hasse es, wenn jemand nah hinter mir steht und ungefragt seinen Arm um mich legt.

Kurt findet die Inzestgeschichte, mit der ich ihn nach und nach vertraut gemacht habe, »nicht weiter schlimm«, da er nichts von Inzest versteht. Er findet die Konstellation in meiner Familie ungewöhnlich und interessant. In meinem Vater sieht er einen beeindruckenden Künstler, mit dem er sich anregend unterhalten kann.

Wir bilden uns ein, mit dem Verlassen der Elternhäuser auch unsere Erziehung und unsere Familiengeschichte zurückgelassen zu haben. In Wirklichkeit lassen wir nur die

Gebäude zurück. Die Geschichten aber sitzen in unseren Köpfen, sie erfüllen unsere Seelen. Wir haben sie aus unseren Elternhäusern in unsere Welt hineingetragen, wo sie ihre eigene Wirkung entfalten.

Ich bin froh, mein Elternhaus nicht mehr betreten zu müssen. Aber wenn ich glaube, damit die Bürde los zu sein, irre ich gewaltig. Die Erinnerungen beschäftigen mich tagsüber und in meinen tiefsten Träumen.

Am 29. Oktober 1975, zehn Tage nach meinem achtzehnten Geburtstag, heiraten Kurt und ich gegen den Willen seiner Eltern standesamtlich im Rathaus in Koblenz am Koblenzer Schängel, einem Brunnen und dem Wahrzeichen der Stadt.

Auf unsere Hochzeitsanzeigen haben wir drucken lassen »Wir legalisieren unser Verhältnis!« und provozieren damit unsere Familien. Aufregung und Diskussionen folgen.

Mit unseren Trauzeugen fahren wir nach der offiziellen Zeremonie ans Deutsche Eck und feiern in einem Restaurant in der Altstadt.

Es ist keine fröhliche Heirat. In mir herrscht beklemmende Anspannung.

Ich trage ein schwarzes Samtkostüm und Kurt einen weißen Anzug. Von seiner Schwester kommt ein Blumenstrauß per Fleurop. Sonst nichts. Es ist ja nur eine standesamtliche Trauung, die in katholischen Kreisen nichts darstellt und gilt. Und wer will auch schon, dass der Sohn oder Bruder eine Frau aus so einer Familie heiratet und mit einem Kinderschänder verwandt wird? Wer will mit der Frau meines Vaters zu tun haben, die das blutschänderische Treiben ihres Mannes deckt und rechtfertigt, meinen Schwiegereltern die Tür einrennt und ihnen sogar Bettszenen ihrer Ehe schildert? (»Er wollte sogar mit mir schlafen, wenn ich meine Periode hatte!«)

Meine Schwiegermutter geht auf Distanz, will mit ihr nichts zu tun haben.

Von meiner Schwestermutter Marina erhalte ich an meinem Hochzeitstag Post: »Du musst nicht denken, den erstbesten Mann heiraten zu müssen ... Überhaupt verstehe ich nicht, warum man nach einer solchen Geschichte ausgerechnet in der Nachbarschaft heiratet und die gerade gewonnene Freiheit so überstürzt in neue Unfreiheit umwandelt. Aber sage dir immer: Du kannst auch noch eine andere Partie machen.«

Ich verstehe ihre Worte nicht. Was immer sie mir damit sagen will, ich verstehe es *noch* nicht.

Mein Vater lässt sich zur gleichen Zeit von seiner Frau scheiden. Sie wird schuldig geschieden, wie ich erst sehr viel später erfahre.

Mein Vater zieht zu seiner Lebensgefährtin Käthe ins vornehme Essen-Bredeney.

An den Wochenenden erkunden Kurt und ich frisch vermählt unsere neue Umgebung. Kurt hat ein Motorboot gekauft, und wir fahren die Mosel hinauf und hinunter.

Bald wird das langweilig, und wir gehen abends aus, schauen uns die Stadt an und landen einmal in einem Kino, in dem Sexfilme gezeigt werden. Da es mit der Aufklärung in unseren Elternhäusern nicht zum Besten stand, gehen wir noch ein paarmal dorthin und schauen uns Filme an.

Am Anfang sind sie neu und aufregend, aber schon bald langweilen sie uns; sie sind billig gemacht und wiederholen sich ständig im Ablauf.

Ich denke darüber nach, ob es eine Trennung von Körper und Seele gibt. Im Kopf läuft alles zusammen, wie in einer Schalt- und Speicherzentrale. Doch ich würde gern ausprobieren, was das Leben bietet, mir selbst eine Meinung bilden, selbst entscheiden, was ich ablehne oder worauf ich neugierig bin.

Auf Kurts Wunsch hin, nehmen wir die Einladung seiner Eltern zu einem Wochenendbesuch an. Sie wollen ihren Sohn nicht verlieren, lieber nehmen sie mich in Kauf.

Als wir das erste Mal nach unserer standesamtlichen Trauung am Wochenende zu seinen Eltern fahren, behandelt mich seine Mutter distanziert und fremd. Sie bietet mir nicht das »Du« an, sondern das Gästezimmer unterm Dach.

Kurts Eltern bestehen insgeheim auf eine standesgemäße kirchliche Vermählung. Um ihnen entgegenzukommen und unseren guten Willen zu zeigen, stimmen wir zu, auch noch kirchlich zu heiraten.

Wird dadurch das Eis brechen?

Es liegt Schnee, als wir uns im März 1976 in einer kleinen abseits gelegenen Waldkapelle namens »Dyckburg« in St. Mauritz vor einem katholischen Pfarrer das Jawort geben. Am Morgen der Trauung muss ich mich übergeben. Ich bin schwanger.

Mein Schwiegervater, der die Gewächshäuser eines Orchideenzüchters betreut, hatte in der Frühe einen üppigen Brautstrauß mit lachsfarbenen Blüten geholt, worüber ich mich wirklich sehr freue.

Doch die Hochzeitsfeier wird überschattet von familiären Konflikten, von der unüberwindbaren Distanz zwischen Kurts Familie und meiner sowie von den Feindseligkeiten meiner Eltern gegeneinander. Es gibt genügend Zündstoff.

Das Fest entfacht eine eigene Dynamik, bei der mehr die Zusammenhänge im Hintergrund als das eigentliche Ereignis eine Rolle spielen.

Ich fühle mich unwohl.

Darüber kann auch mein wunderschönes langes weißes Kleid mit Schleppe und einem Schleier, der von einem echten Myrtenkranz und Schneeglöckchen gehalten und gekrönt wird, nicht hinwegtäuschen.

Die weiße kurze Nerzjacke kann mich nicht wärmen. Doch ich friere nicht nur, weil Schnee liegt.

Die Trauzeremonie verläuft – abgesehen von hörbar falschen Tönen des Organisten, der mit konzertanten Wünschen offensichtlich überfordert ist – sehr festlich. Als er das »Ave Maria« und Stücke wie »So nimm denn meine Hände« spielt, höre ich das Schluchzen der Frau meines Vaters hinter mir. – Endlich wird zu meiner Erleichterung das »Treulich geführt« angeschlagen.

Ich möchte davonlaufen. Viel zu schnell eile ich in meinem Brautkleid über den roten Teppich aus der Kapelle. Mein Schwiegervater gibt mir ein Zeichen: Langsamer! Man könnte meinen, ich wollte aus der Kirche flüchten!

Nach der Trauung wäre es eigentlich üblich, Bilder vom Brautpaar mit den Eltern und Gruppenbilder mit sämtlichen Verwandten und Gästen zu machen, aber die Familien laufen auseinander, sind plötzlich wie vom Erdboden verschluckt, machen keinen Hehl daraus, dass sie ungern gemeinsam für ein Erinnerungsfoto posieren. Wer stellt sich schon gern neben einen Kinderschänder und seine Exfrau?

Kurt und ich stehen allein und etwas hilflos im einsetzenden Schneesturm auf den Steinstufen des Kirchenportals.

Die weitere Feier findet wegen der Kosten, die ausschließlich von Kurts Familie getragen werden, im Haus meiner Schwiegereltern statt und gerät mit teils peinlichen Einlagen und Zwischenfällen seitens der geschiedenen Frau meines Vaters zu einem Fiasko, das darin gipfelt, dass sie meinen Vater unkontrolliert angiftet und in ihrer Erregung ein Glas Rotwein umstößt, das sich in einem Schwall über eins der gestärkten weißen Tischtücher der Hochzeitstafel ergießt. Einige Gäste springen kreischend beiseite. Um die Stimmung zu heben, trällert sie lauthals ein Volkslied und fordert die Hochzeitsgäste aufgekratzt auf mitzusingen. Was für eine Farce!

Irgendwie überstehe ich die Feierlichkeiten und bin froh, als der Tag gegen Mitternacht endet. Dann ist es mit meiner Fassung vorbei. Ich heule. Meine leibliche Mutter ist nicht gekommen. Nach ihrem Brief zur standesamtlichen Trauung habe ich nicht gewagt, sie einzuladen. Aus Angst vor einer Absage.

Auch Tage später noch bin ich todunglücklich. Das Hochzeitsfoto ist schrecklich. Ich habe schiefe Augen und schiefe Zähne. Schön sind nur das Brautkleid und die Orchideen.

Ein kleines Myrtenpflänzchen, das Kurts Revers geschmückt hat und zu einem Strauch gezüchtet werden soll, geht wenige Wochen später ein, was als schlechtes Omen gilt. Auch fällt der edle Silberrahmen mit unserem fürchterlichen Hochzeitsfoto zu Boden und zerbricht.

Kann man ins Glück flüchten? Falls wir uns lieben, werden wir es nicht schaffen, den Neidern und Missgünstigen um uns herum zu trotzen, weil wir nicht wissen, wie wir mit ihnen umgehen können. Wir sind zu unreif.

Auf Grund meiner Schwangerschaft meinen manche, wir

»mussten« heiraten. Es ist schwer für sie zu akzeptieren, dass »so eine« aus »so einer« Familie einen ganz normalen Mann aus ihrer Mitte heiratet. Das kann nicht mit rechten Dingen zugehen. Das kann für sie nur so sein, dass ich es darauf angelegt habe, schwanger zu werden. Dass wir schon ein halbes Jahr standesamtlich verheiratet sind, interessiert niemanden. Es wird so hingestellt, als hätte ich es nötig, mir über eine Schwangerschaft einen Mann zu angeln. Mir ist zwar klar, dass solcherlei Gehässigkeiten aus Neid und Missgunst entstehen, aber sie verletzen darum nicht weniger.

Mit der Zeit kehrt wieder Alltag in unser Leben ein.

Der Chef nervt mich, indem er mich dauernd »Liebchen« nennt, es aber nicht so liebevoll mit mir meint, wie er vorzugeben versucht. Er fragt mich ein paar Wochen später ernsthaft: »Haben Sie die letzten Schmucksendungen empfangen und ausgepackt?«

Ich überlege. Da ich nicht weiß, welche Schmucksendungen er meint, kann ich ihm seine Frage auch nicht konkret beantworten. Ich zucke mit den Schultern.

Die Lieferfirmen schicken die Schmuckstücke je nach Wert der Stücke einzeln eingeschweißt in Folienbeutel oder in edlen Schmuckschatullen. Die Lieferkartons sind mit weicher Watte ausgestopft, damit durch den Versand nichts zu Schaden kommt.

Mein Chef baut sich vor mir auf. »Einer Kundin wurden in einem Lieferkarton Schmuckstücke zur Auswahl mitgegeben, damit sie sich diese in aller Ruhe anschauen, auswählen und wieder unbeschädigt zurückbringen kann, was sie nicht behalten will. Ehrlich wie die Dame ist, hat sie mich darüber in Kenntnis gesetzt, dass sich in der untersten

Ecke des Kartons zwischen der Verpackungswatte noch eine Schmuckschatulle mit einer sehr kostbaren Brosche befand. Ich gehe davon aus, dass Sie sie dort versehentlich übersehen und liegen gelassen haben! Und nicht, um sich das Schmuckstück später rauszunehmen.«

Ich stutze. Was hat er gerade gesagt? Meint er, ich hätte versucht, ein Schmuckstück zu klauen, indem ich es absichtlich nicht auspacke oder übersehe und dies der Lieferfirma als fehlende Lieferung reklamiere? Das wäre ja Diebstahl, Betrug, Hinterhältigkeit.

Das ganze Wochenende liegen mir die Sätze meines Chefs wie ein Kloß im Hals, rauben mir die Luft zum Atmen.

Als ich am Montag wieder ins Juweliergeschäft komme, empfängt er mich mit den Worten: »Ach, ich muss mich entschuldigen. Wie sich bei Rückgabe des Schmuckkartons durch die Kundin herausgestellt hat, wies der Adressträger auf dem Lieferkarton die Anschrift unserer Filiale im Kurzentrum auf. Die Lieferung hatte mit unserem Haus hier gar nichts zu tun. Sie haben sie gar nicht in Empfang genommen und können sie also auch gar nicht ausgepackt und übersehen haben!«

Ich koche vor Wut. So schnell kann man als Juwelendiebin verdächtigt werden. Aber man kann jahrelang ein Kind sexuell missbrauchen, das interessiert niemanden! Das merkt niemand, hört niemand, sieht niemand, will niemand wissen.

Vielleicht ist er auch so ein Schweinehund, geht es mir in meinem Zorn durch den Kopf.

Als ich Uhren putzend vor dem geöffneten Tresor stehe, fällt mein Blick auf ein massivgoldenes Herz. Ich nehme es an mich und stecke es ein. Herzloser Kerl! Er hat mich mit seiner leichtfertigen Beschuldigung in Seelenqualen gestürzt.

Wenn ich meine Schmuckschatulle daheim öffne, fällt mein Blick auf das mit Türkisen besetzte silberne Kreuz und das mit Korallen verzierte runde Medaillon, zwei von meiner Taufpatin für mich entworfene und angefertigte Schmuckstücke. Vorsichtig lege ich das Herz aus Gold dazu. Nie werde ich es tragen, kein einziges Mal. Es liegt da als Mahnmal für ein gestohlenes Herz, für zerstörten Seelenfrieden.

Kurt hat Großes vor. Familiengründung und Hausbau. Auf Dauer können wir nicht in diesem Apartment bleiben. Wir suchen eine größere Wohnung im Hinterland von Koblenz und finden in Ransbach-Baumbach im Westerwald eine Dreizimmerwohnung in einem Hochhaus, idyllisch gelegen am Erlenhofsee.

Was sich zuerst als Paradies präsentiert, entpuppt sich schnell als völlig abseits gelegenes Wohngebiet ohne Verkehrsanbindung. Für Außendienstler und Städter wie Kurt, die nach getaner Arbeit in dieses stille Waldviertel zurückkommen, vielleicht wohltuend. Doch mir fällt schon bald die Decke auf den Kopf.

Es gibt zu dieser Zeit in dem Ort keine Arbeit, keine Möglichkeiten, Kontakte zu knüpfen, keine öffentlichen Einrichtungen, wo man Gleichgesinnte treffen könnte. Zur einzigen Bushaltestelle brauche ich eine halbe Stunde zu Fuß, um mit dem alle zwei Stunden fahrenden Bus mehr als eine Stunde über die Dörfer bis nach Koblenz zu fahren.

Ich kenne niemanden in der Gegend und komme auch nirgendwo hin. In der äußeren Isolation spiegelt sich die innere wieder. Einsamkeit, aus der ich nicht herausfinde. Ich schreibe.

In der zweiunddreißigsten Schwangerschaftswoche, zehn Wochen vor dem errechneten Geburtstermin, setzen bei mir vorzeitig Wehen ein. Ich liege wochenlang in einem Krankenhaus in Dernbach, bekomme Wehen hemmende Medikamente und bange Tag für Tag, Woche um Woche um unser Kind, während Kurt als Pharmareferent im Außendienst berufliche Termine wahrnehmen muss und tagelang verreist ist.

Da wir keinen Bekanntenkreis haben, bekomme ich auch keinen Besuch. Es ist kein Mensch da, der mir etwas über die Wirkungsweise all dieser ganzen Medikamente erklärt, und ich mache mir Sorgen um die Gesundheit meines ungeborenen Kindes.

Jede Woche, die das Baby länger in meinem Bauch bleibt, ist für das Überleben des Kindes wichtig. Fünf Wochen vor dem errechneten Termin platzt plötzlich die Fruchtblase. Die Geburt des Kindes lässt sich nicht mehr aufhalten.

Am 16. September 1976 bringe ich nachts ein Mädchen zur Welt. Es ist 48 Zentimeter groß und wiegt 2460 Gramm. Wir, die Ärzte und die Schwestern sind erleichtert und hocherfreut, dass es trotz der Frühgeburt so gut entwickelt ist. – Doch dann treten Probleme auf. Es stimmt etwas nicht mit der Kleinen, sie atmet schwer, scheint keine Luft zu kriegen. Das Gesicht ist bläulich verfärbt. Die Schwestern entscheiden, es gleich in derselben Nacht auf die Frühgeburtenstation einer Spezialklinik in Andernach zu bringen. Dort soll mein Baby künstlich beatmet werden.

Noch in der Nacht stirbt mein Kind.

»Es tut uns sehr Leid – es war alles umsonst! – Wir haben wirklich alles getan!«, sagt mir der behandelnde Arzt, als er mein Krankenzimmer betritt, um mir die Nachricht vom Tod meines Kindes zu bringen.

Ich schreie auf, so sehr schmerzt mich diese Nachricht. Mir ist, als zerspringe mein Herz, als höre es in diesem Moment auf zu schlagen. Ich hatte mich so auf dieses Kind gefreut. Hatte mir das Leben mit ihm in den schönsten Farben ausgemalt. Nun bin ich vor Schmerz wie betäubt. Warum tut mir das Schicksal dies an? Gönnt es mir nicht das Glück, selbst Mutter zu sein? Am liebsten würde ich aus dem Fenster springen.

Ich bin neunzehn Jahre alt und überlege, wie ich mir das Leben nehmen kann. Soll ich mich aus dem siebten Stockwerk des Hochhauses stürzen? Irgendetwas einnehmen? Arsen? Zyankali? Ich bin lebensmüde. Ich möchte meinem Kind ins Jenseits folgen, wo immer dies auch sein mag. Ich will nicht länger leben. Nicht so.

Es ist keine wirkliche Erklärung und kein Trost für mich, zu erfahren, dass das Kind auf Grund des Sauerstoffmangels während der Atemschwierigkeiten einen Hirnschaden erlitten hatte und geistig behindert geblieben wäre.

Es ist alles sinnlos.

Im Provinzkino laufen Filme wie »Rosemarie's Baby« und »Das große Fressen«. Die Bilder verfolgen mich in meine Träume.

Da es kein Grab gibt, an das ich meine Trauer tragen kann, kommen Fantasien auf, mein Kind könne noch leben. Irgendwo bei anderen Menschen, an einem anderen Platz, an einem anderen Ort. Vielleicht haben sie mir das Mädchen geklaut, weil ich Inzestkind bin und sie das Baby eines Inzestkindes wollten.

Da ich meine Tochter zuletzt lebend, wenn auch schwer

atmend gesehen habe, aber keinen Leichnam, kann man mir alles erzählen.

In Ostbevern verbreitet sich die Nachricht vom Tod meines Kindes rasch.

Wieder erreichen mich teils mitfühlende und traurige, aber auch die boshaften Kommentare der ehemaligen Frau meines Vaters. »Ihr geht ja auch nie in die Kirche!«, giftet sie durchs Telefon, »vielleicht findest du jetzt den Weg zu Gott!«

Ich hasse sie, diese Frau und ihr bösartiges, taktloses Geschwätz.

Und Gott? Wer ist Gott? Wenn dies ihr Gott ist, will ich mit ihm nichts zu tun haben. Hat er die Gebete dieser Frau, die sich »Mutter« nennt, erhört? Hat er meiner leiblichen Mutter in ihrer tiefsten Not und Verzweiflung geholfen?

Er hat nicht verhindert, dass ein Kind körperlich und seelisch zerstört wurde, dass meine kleine Tochter gestorben ist.

Hat er zugelassen, dass es mich gibt, damit Marina einen Beweis für das Verbrechen an ihrem Körper und an ihrer Seele hat? Damit Menschen, die sich »Eltern«, »Vater« und »Mutter« nennen, nicht ungestraft entkommen und für ihr Verbrechen, ihr Mitwissen und Schweigen zur Rechenschaft gezogen werden? Es gibt mich. Es gibt kein Zurück.

Ich trete aus der Kirche aus.

Wird Gott nun *meine* Gebete erhören? Vielleicht hat er ja jetzt ein offenes Ohr für *meine* Ängste und Nöte? Habe ich diese in die Kirche rennende Frau je glücklich gesehen? Warum hat er nicht verhindert, dass dieser Mann ihr Kind, ihre Familie und ihr Leben zerstörte, während sie in der Kirche saß?

Das hat Gott jetzt davon: Ich habe ihm meine Mitgliedschaft gekündigt – soll er mal zeigen, was er kann! Wie und womit will er mir den Sinn dieser ganzen Geschichte aufzeigen?

Ich lese Bücher über den Tod und die Trauer. Die Verwandten üben Anteilnahme, erwarten aber bald, dass wir wieder zur Tagesordnung übergehen. »Ihr könnt noch so viele Kinder kriegen.« – »Ihr seid doch noch jung!«

Es ist nicht die Zeit der Gesprächs- und Selbsthilfegruppen. Dass ich zu einem Psychologen gehe, halte ich vor den Familien geheim. Sonst wird Kurt zu einem bedauernswerten Mann, der das Pech hat, eine solche Frau aus einer solchen Familie mit einem solchen Schicksal zu haben – und jetzt auch noch in psychologischer Behandlung!

Ich könnte von Arzt zu Arzt laufen, jeden Tag zum Friseur gehen, mich mit Konsum, Luxus oder Tabletten betäuben – alles ist erlaubt, so lange mein Leiden nicht sichtbar wird und die Bilder einer heilen Welt beschmutzen. Aber einen Psychologen aufsuchen kommt einer Bankrotterklärung gleich.

Auf Rat der Ärzte und Eltern geben wir den Leichnam des Kindes zu medizinischen Forschungszwecken frei. Sie sagen, wir sollen uns nicht mit einem Grab belasten oder daran binden, weil wir nicht wissen können, ob wir in der Nähe wohnen bleiben.

Als ich wieder klar denken kann, erkenne ich hierin einen Fehler. Es gibt nun kein Grab, an das ich gehen und trauern kann, keinen Ort, an dem mir die Trauer zugestanden wird. Gäbe es ein Grab, würde man von mir erwarten, dass ich dieses hege und pflege über Jahrzehnte hinaus. Nun aber erwartet man von mir, in meinen Alltag zurückzukehren, als sei nichts geschehen.

All meine Ängste und Fragen nach dem Warum schweben in der Luft. Unausgesprochen steht für mich auch die Überlegung im Raum: Kann ich denn überhaupt ein gesundes Kind bekommen? Nach dem Inzest? Hatte der Tod des ersten Kindes etwas mit dem Inzest zu tun?

Ich würde gern mit meinem Vater reden und unsere intensiven Gespräche über Gott und die Welt, das Leben und den Tod, Liebe und Trauer fortsetzen, aber er wohnt weit weg und kommt selten zu Besuch. Er hat seine Lebensgefährtin Käthe verlassen und ist nach Österreich gegangen, um dort mit seiner neuen Partnerin Claire in deren feudalem Landhaus im Salzkammergut zu leben.

Ich verstehe nicht, warum er Käthe verlassen hat. Aber ich werde es eines Tages erfahren. Ich ahne nicht, dass ihm in Wirklichkeit der Boden unter den Füßen zu heiß wurde, weil er Käthes Tochter sexuell missbraucht hatte und ihm erneut eine Anzeige drohte.

Mein Vater ist es, der mich irgendwann auf eine Zeitungsannonce aufmerksam macht. »Wir suchen Menschen, die gerne schreiben.« Damit wirbt ein Fernlehrinstitut in Hamburg Nachwuchsschriftsteller.

In der Abgeschiedenheit des Westerwaldes erweist sich der Fernlehrgang als willkommene Abwechslung. So habe ich tägliche Aufgaben, die mir Ablenkung bringen. Ich muss mir endlich über andere Dinge Gedanken machen, damit ich nicht mehr ständig über den Tod meines Babys und meine Lebensgeschichte grübele.

Es entwickelt sich ein intensiver Briefwechsel mit einem der Lehrer des Institutes. Seelenverwandtschaft. In den nächsten Jahren pflegen wir eine intensive Schriftstellerfreundschaft, die mir gut tut, mich fordert und bestätigt und mir von Tag zu Tag wichtiger wird.

Manchmal versuche ich mir vorzustellen, wo mein verstorbenes Kind ist. Ich befinde mich in einer seelischen Ausnahmesituation. Meine Seele trägt Trauer und kann sich ihrer nicht entledigen.

Über Kontaktanzeigen bauen Kurt und ich uns einen Bekanntenkreis auf. Wir wollen uns nicht in unserer Traurigkeit isolieren und vergraben. Seit dem Verlust des Kindes herrscht zwischen uns Sprachlosigkeit, eine gespenstische Stille, hilflos stehen wir einander gegenüber.

Eines Tages lernen Kurt und ich ein sympathisches Paar kennen. Helene und Jürgen. Sie ist Kinderkrankenschwester.

Helene arbeitet im Kinderkrankenhauses Andernach, in das unser Baby eingeliefert worden war. Helene hat es auf der Frühgeburtenstation betreut. Ich kann diesen Zufall kaum glauben. Zögerlich frage ich nach, was in dieser Nacht passiert ist.

Helene hilft mir den Tod meines Kinder ein Stück weit zu akzeptieren, indem sie mir verständlich erklärt, dass meine Tochter durch Lungenunreife gestorben ist und durch Sauerstoffmangel einen irreparablen Hirnschaden erlitten hatte.

Sie schildert mir aus ihrer Erfahrung, wie der Alltag mit einem behinderten, weil hirngeschädigten Kind aussieht. Ein Kind, das vielleicht nie Essen, Trinken, Laufen, Sitzen lernt, vielleicht nie Fortschritte machen wird. Erstmals verschafft dieser Gedanke meiner Seele Tröstung: Ich frage mich, ob das Schicksal es vielleicht gut mit mir gemeint haben könnte. Ob es mir vielleicht doch nur so viel gibt oder nimmt, wie ich zu ertragen in der Lage bin? Vielleicht, so denke ich plötzlich, überleben wir nur das, was wir als Chance begreifen können, oder lernen loszulassen, um weiterexistieren zu können.

# KAPITEL 10

Kein ganzes Jahr nach dem Tod meines ersten Kindes bin ich erneut schwanger.

Ich stehe eines Morgens im Badezimmer und blicke gespannt auf den Streifen eines Schwangerschaftstests, der sich nach einer Weile rosa verfärbt. Ich laufe zu Kurt ins Wohnzimmer und umarme ihn. »Wir kriegen ein Baby.«

Er strahlt.

Die Aussicht auf Nachwuchs schafft ein inniges Gefühl der Verbundenheit zwischen uns. Wir werden bald eine richtige Familie sein! Und wieder fröhlich. Das ganze letzte Jahr war von Trauer überschattet.

Neben der Freude habe ich aber auch Angst und Zweifel. Ich weiß, dass dieses Kind kein Ersatz für das verlorene Baby sein kann.

Der Tod des ersten Babys und das Wachsen des zweiten Kindes in meinem Bauch sind zwar zwei unabhängig voneinander zu betrachtende Ereignisse, doch gefühlsmäßig ist das nicht so leicht zu trennen. Die zweite Schwangerschaft begleitet von Anfang an die Angst, dieses Baby ebenfalls zu verlieren. Jeden Tag bange und bete ich für das Kind, es möge gesund zur Welt kommen.

Am 21. März 1978 bringe ich schließlich meine zweite Tochter in einer Koblenzer Klinik per Kaiserschnitt zur Welt. Draußen schneit es, während gleichzeitig die Sonne scheint.

Wir nennen unsere Tochter Nadine.

Glücklich halte ich das gesunde Mädchen in meinen Armen, auch wenn ich noch immer Trauer über den Tod des ersten Kindes verspüre.

Noch immer quälen mich Fragen und Fantasien, ob der Tod mit dem Inzest zu tun hatte. Noch immer habe ich Albträume, in denen ein blau angelaufenes Baby in einer Plastiktüte aus der Pathologie getragen wird. Ich fühle mich unendlich allein und einsam.

Das verbindende Gefühl zwischen Kurt und mir hält nicht lange an. Wir können das Geschehene nicht rückgängig machen, unsere Sprachlosigkeit bleibt. Er kann mir nicht helfen, und ich kann ihm nicht helfen. Wir sind uns im Grunde fremd geblieben.

Wir hatten die Hoffnung, durch eine Heirat eine bessere Zukunft zu haben. Jetzt müssen wir feststellen, dass sich das Leben nicht nach unseren Wünschen und Hoffnungen richtet, sondern uns auf die Probe stellt, jeder wird mit seiner Geschichte an seine eigenen Grenzen geführt.

Wie sehr mich die Erinnerungen an die Vergangenheit und der Verlust meines Kindes quälen, bleibt Kurt verborgen. Er spürt nicht, warum ich deprimiert oder launisch bin. Selbst in glücklichen Momenten, wenn wir uns etwa über unsere gemeinsame Tochter freuen, ist jeder mit seinem Glück allein. Wir sind zu zweit und doch ist jeder von uns einsam.

Zur Taufe gehe ich zum ersten Mal wieder in die Kirche. Sie findet bei den Schwiegereltern in Telgte statt. Angelina und Kurts Bruder haben die Patenschaft für Nadine übernommen. Die Frau meines Vaters habe ich nicht eingeladen. Ich könnte ihre Anwesenheit nicht ertragen.

Beim Blick aus unserer Hochhauswohnung schaue ich auf den Erlenhofsee und eine kleine Neubausiedlung, die noch im Rohbau steht. Kurt und ich beschließen, eines der Reihenhäuser zu kaufen.

Kurt verdient sehr gut und bastelt unermüdlich an seiner Karriere, ich bin mit meinem Schriftstellerseminar beschäftigt.

Bereits im Herbst darauf beziehen wir unser neues Zuhause. Das Haus liegt romantisch am See. Oft spazieren wir zur Baustelle, um die einzelnen Bauabschnitte zu verfolgen.

Ich höre, wie mein Schwiegervater Kurt fragt: »Gehört das Haus denn dann auch der Ulrike?«, worauf Kurt erwidert: »Aber selbstverständlich!«

Für Kurts Familie bin ich nach wie vor ein notwendiges Übel, das man lediglich hinnimmt. Ich bleibe eine Fremde.

Wir lernen unsere zukünftigen Nachbarn Hanne und Dietmar kennen. Es ist schön, andere Menschen zu treffen. Bloß mein Vater warnt mich einmal: »Die sind alle nicht gut für dich!« Er hatte bei einem Besuch die Handschrift der beiden auf einer Postkarte gesehen und sich als Grafologe so seine Meinung gebildet. Es ist schwer, seinem Urteil etwas entgegenzuhalten.

Für unser Haus fertigt er ein elegantes, kunstvolles Schild an, das je nach Wetterlage und Lichtverhältnissen seinen anthrazitfarbenen Grundton verändert, mal glänzt und mal matt erscheint. Auf dem Schild stehen in porzellanweißer Farbe und kalligrafischer Schrift unsere Namen, meiner mit dem Zusatz »Schriftstellerin«.

Unser Haus wird klein, aber fein und sehr modern. Die offene Wohnbauweise ohne Türen, eine Wendeltreppe, die hinauf auf eine Galerie führt, lässt alles weitläufiger und geräumiger erscheinen, als es in Wirklichkeit ist. Entsprechend ist die Atmosphäre. Eine breite gläserne Terrassentür ermöglicht den Ausblick auf See und Wald.

Kurz nach unserem Einzug laden wir unsere neuen Nachbarn zum Grillen ein. Hanne und Kurt sind sich leider nicht sonderlich sympathisch, weswegen es wohl bei diesem einen Treffen bleibt.

Mein Arzt verschreibt mir wegen meines Asthmaleidens eine Kur in Bad Oeynhausen. Dort knüpfe ich Kontakte zu anderen Kurgästen und stelle fest, dass ich mich mit älteren Menschen viel besser verstehe als mit gleichaltrigen. Sie sind nicht mehr mit ihrer Karriere und materiellem Gewinn beschäftigt, sondern denken über allgemeinere Fragen des Lebens nach. Vor allem können sie besser zuhören.

Nach der Kur reift in mir allmählich die Erkenntnis, dass Kurt zu jung und zu unreif für mich ist oder für das, was ich erlebt habe. Er hat Minderwertigkeitskomplexe, muss sich immer größer machen, als er ist, und will ständig hören, was für ein toller Kerl er ist. Dass ich das Schriftstellerseminar mache, gefällt ihm, er sieht sich schon als Gatte einer Bestsellerautorin, der im Cabrio durch Ransbach-Baumbach fährt.

Er verreist immer öfter in seinem Beruf als Pharmareferent. Ich kümmere mich um unsere kleine Tochter und vertiefe mich in meine Schreibübungen. Zu Hanne pflege ich einen lockeren nachbarschaftlichen Kontakt, der aber nach wie vor distanziert bleibt.

Kurt ist ihr gegenüber ein Ekel und legt sich wegen jeder Kleinigkeit mit ihr an. Mal geht es um die Fernsehantenne, die nach seiner Meinung auf unserer Seite des Daches angebracht werden soll. Dann streitet er sich mit Hanne und ihrem Mann wegen der Hecke, die zwischen den Grundstücken verläuft. Er findet immer etwas.

Irgendwann reicht es Hanne und Dietmar, sie ziehen sich endgültig zurück, kaufen sich eine eigene Fernsehantennenanlage und errichten eine Gartenmauer zwischen den Grundstückshälften.

Eine der Aufgaben des Schriftstellerseminars, eine lokalpolitische Spitze, schicke ich nicht nur an das Institut, sondern auch an die Redaktion unserer Tageszeitung.

Wenige Tage später erhalte ich den Anruf des zuständigen Chefredakteurs. Er sagt, mein Text für die Kolumne habe ihn begeistert, er wolle ihn gern veröffentlichen und ob ich zu einem Gespräch in die Redaktion kommen möchte.

Ich nehme seine Einladung an, erzähle vom Schriftstellerseminar mit Unterricht in Lyrik und Shortstory, Journalismus und Verlagswesen und von meinen Ambitionen, für eine Zeitung zu schreiben. Er macht mir das Angebot, meine theoretischen Übungen durch ein Praktikum in seiner Lokalredaktion zu ergänzen. Ich bin begeistert und nehme in den kommenden Wochen bevorzugt die späten Nachmittagstermine wahr, wenn Kurt von seinen Außendienstterminen zurück ist und auf Nadine aufpassen kann.

Kurt und ich merken nicht, dass wir uns entfremden und sich unsere Wege immer mehr voneinander entfernen. Jeder sucht Kontakt zu anderen Menschen, zu seinesgleichen, und testet Grenzen aus.

Kurt freundet sich mit einem Kollegen an, der homosexuell ist. Ich suche ebenfalls nach einer Erweiterung meines Erfahrungshorizontes, will wissen, wie das mit den

Frauen ist. Mein Sexualleben ist unbefriedigend. Ich frage mich, ob ich Berührungsängste habe. Oder bin ich vielleicht lesbisch?

Nach einem Treffen mit einer Frau steht fest, dass ich nicht lesbisch bin. Ich habe tatsächlich Berührungsängste. Ich flüchte, bevor überhaupt etwas geschieht. Im Umgang mit Frauen habe ich beinahe noch mehr Ängste als mit Männern.

Ich engagiere mich in meinem neuen Job als Lokaljournalistin. Dorffeste, Kirmes, Schützenfest und Weihnachtsmarkt. Der Chefredakteur merkt schnell, dass mehr in mir steckt, lobt meine Begabung und mein Talent und schickt mich für eine Aussiedlerreportage zusammen mit einem Fotografen los. Es ist meine erste eigene Reportage, die unter meinem Namen erscheint. Ich bin stolz.

Mein Schriftstellerbrieffreund schickt mir einen Zeitungsausschnitt, mit dem der Freie Deutsche Autorenverband Jungschriftstellerinnen die Chance einer Lesung anbietet und damit um neue Mitglieder wirbt. Er rät mir, mich um eine Lesung zu bewerben und hinzufahren, rät aber von einer Mitgliedschaft ab. Ich reiche meine schriftstellerischen Arbeiten ein, erhalte prompt eine Einladung, lese im Parkhotel Frankfurt und werde gegen seinen Rat Mitglied, weil ich wie so oft das Gegenteil von dem tue, was man mir rät. Ich bereue es nicht.

Kurt, Nadine und ich sind eine junge Familie, haben ein schönes Haus an einem See, keine finanziellen Probleme und hätten, wenn wir wollten, viel Zeit füreinander – zu viel des Guten vielleicht? Warum bloß sind wir so unzufrieden? Erst allmählich wird uns bewusst: Kurt und ich langweilen einander. Wir tun uns nicht gut.

Kurt kann mir geistig nichts bieten. Seine Welt ist mir fremd, bei ihm dreht sich alles nur ums Geld und seine teuren Anschaffungen, mit denen er angeben will. Jedes Jahr ein neues Auto, teure Uhren, Markenanzüge.

Dass ich das Schriftstellerseminar mache, ist in seinen Augen vergleichbar mit einem Hobby, gut fürs Image, Luxus, aber als Journalistin und Autorin arbeiten? »Das haben wir doch nicht nötig!«, sagt er.

Nadine ist vier Jahre alt und verhält sich auffällig. Sie kaut massiv Fingernägel, rennt mit dem Kopf gegen die Wand und sagt: »Ich bin böse!«

Ich verstehe sie trotz Nachfragen nicht. Wieso sagt meine Tochter, sie sei böse? Wer sagt ihr, sie sei böse?

Woher soll ich ahnen, dass Kurt sie zu den Treffen mit seiner Geliebten mitnimmt und ihr auferlegt hat, dass sie mir gegenüber nichts sagen darf.

Aber die Nachbarn in diesem Kaff wissen mal wieder alles. Mehr als ich jedenfalls. Ich erfahre als Letzte, dass Kurt mich betrügt.

Wieder einmal bekomme ich etwas Fatales zu spät mit und habe keinen Handlungsspielraum. Ich habe niemanden, der mir Rat geben kann.

Meine Schwiegereltern wissen längst, dass es im Leben ihres Sohnes eine andere Frau gibt. Sie zerbrechen sich jedoch lediglich den Kopf, wie die Scheidung möglichst billig durchgeführt werden kann. »Pass auf, dass sie aus der Scheidung nicht noch Profit schlägt!«, hetzt seine Mutter.

Sein Vater rät ihm aber auch: »Bring doch deine Ehe erst mal zu einem ordentlichen Ende, ehe du dich in eine neue Beziehung stürzt!«

Kurts Eltern sind beide merklich erleichtert, dass unsere Ehe endlich auseinander geht, außerdem passt die andere in ihren Augen viel besser zu ihm. Sie ist die Tochter des Apothekers im Ort.

Kurt hat nie einen Hehl aus seinen Ambitionen um Karriere und Wohlstand gemacht. Als Pharmareferent will er es zu etwas bringen. Er will nochmal studieren, Apotheker werden und am liebsten gleich in die Apotheke seiner Geliebten einheiraten und sie übernehmen.

Ich bin zu gutmütig und naiv, die Wahrheit zu erkennen. Vielleicht will ich sie auch nicht sehen, weil ich an eine bessere Zukunft glauben muss, um zu überleben.

Kurts Geliebte ist erst sechzehn und als Babysitterin für Nadine in unser Haus gekommen; schließlich nahm sie bei Kurt Nachhilfeunterricht in Latein.

In einem Traum sah ich die beiden, wie sie mich betrügen. Ich nahm die Bilder aber nicht ernst.

Nichts ahnend habe ich dieses Mädchen stets als Gast in unserem Haus behandelt. Dass sie meinen Spruch »Fühl dich wie zu Hause« wörtlich nimmt und schließlich nicht nur Kurt, sondern auch das Haus und das Kind will, damit habe ich nicht gerechnet.

Ich verkenne die Situation völlig. Vielleicht will ich auch nicht sehen, was tatsächlich geschieht.

Wochenlang bekomme ich nachts anonyme Anrufe, wenn Kurt verreist ist, stelle aber keinen Zusammenhang zwischen seiner Abwesenheit und einem außerehelichen Verhältnis her.

An einem Novembertag, ich putze das Haus, sause ich mit dem Staubsauger versehentlich gegen Kurts Aktenkoffer, dieser springt auf und enthüllt das Doppelleben meines Mannes. Aus dem Koffer purzeln mir Fotos von ihm und Gitte entgegen. Von einem Foto schaut mir das bekannte Gesicht unserer Babysitterin entgegen. Aus Rechnungen geht hervor, dass viele von Kurts Geschäftsreisen erlogen sind und er sich dann in Wirklichkeit mit ihr getroffen hat, um sich in einem Hotel ein schönes Wochenende zu machen.

Aus handgeschriebenen Briefen seiner Eltern, die mir ebenfalls in die Hände fallen, erfahre ich, dass sie längst Kenntnis von der anderen haben und sich freuen, dass ihr Sohn jetzt endlich eine »nette«, adäquate Lebensgefährtin gefunden hat, die etwas in die Ehe einbringt, etwas, das sich sehen lassen kann. Eine Apothekertochter! Das ist doch etwas ganz anderes, als »so eine« wie ich »aus solchen Familienverhältnissen«. Er hat sie seiner Familie sogar schon vorgestellt, und alle sind ganz angetan von ihr!

Ich bin nicht »nett«. Ich bin bestürzt. Entsetzt! Als ich lese, dass er ihr die Ehe, eine Weltreise und ein Traumhaus versprochen hat, verschlägt es mir den Atem.

Mir wird der Tod gewünscht.

Er schreibt: »Bald haben wir es geschafft!«

Wünscht er wirklich, ich sei tot? Damit er das Haus bei der Scheidung nicht mit mir teilen muss? Was hofft er, was ich tun soll? Tabletten nehmen? Nicht mehr aufwachen? Wie Dornröschen in einen Dauerschlaf fallen, bis alles ohne mich verteilt ist, oder auf der anderen Seite des Lebens aufwachen und dort allein weitermachen?

Als ich Kurt zur Rede stelle, erklärt er mir mit großer Kaltschnäuzigkeit, dass Gitte die Frau seines Lebens sei und er um das Sorgerecht für Nadine kämpfen werde. Ich hätte mit meinem familiären Hintergrund sowieso keine Chance.

Ich verstehe zwar zunächst nicht, was er damit eigentlich meint, aber mir wird die Bedrohlichkeit dieser Aussage und der Ernst der Situation bald klar.

Kurts Drohung hat Erinnerungen in meinem tiefsten Innern geweckt, die mir die ganze Doppelmoral und Perfidität dieser Geschichte bewusst machen, und mich ahnen lassen, wie gefährlich mein Leben vom ersten Tag an verläuft, wie gefährdet ich bin.

Statt Ruhe zu bewahren und mir Hilfe zu suchen, statt ihn wegen Erpressung anzuzeigen und um das Sorgerecht zu kämpfen, gerate ich in Angst und Panik und begehe ein paar gravierende Fehler.

Wäre ich zu diesem Zeitpunkt eine in sich ruhende, starke Persönlichkeit gewesen, wäre mir vermutlich einiges erspart geblieben.

Hätte ich das Bewusstsein für die Dramatik und Dynamik meiner inzestuösen Abstammung gehabt und die ganze Wahrheit meiner Entstehung gekannt, hätte ich eine eindeutige Meinung zu meinem Vater vertreten können und mich von ihm distanziert.

Hätte ich zu diesem Zeitpunkt das Wissen über Inzest und Täter gehabt, das ich später haben werde, hätte ich Kurt vermutlich niemals geheiratet und erkannt, dass er und mein Vater sich in ihrem Besitzverhalten, ihrer Gemeinheit, ihrem Narzissmus und Kontrollzwang in nichts nachstehen oder unterscheiden.

Ich hätte eine eindeutige Position einnehmen können und mir nichts zu Schulden kommen lassen, ich hätte als Mutter selbstverständlich das Sorgerecht für meine Tochter erhalten. Was ich mit mir selbst mache, ob ich mich hasse oder liebe, hätte auf einem anderen Blatt gestanden und nichts zur Sache getan.

So aber schreibe ich in mein Tagebuch: »Wenn sie mir dieses Kind nehmen, nehme ich mir lieber das Leben. Zusammen mit meinem Kind. Lieber gemeinsam sterben, als noch einmal ein Kind zu verlieren!«

Ich bin zu naiv für dieses Leben!

Kurt entwendet mir das Tagebuch und legt es seinem Anwalt vor, der meine Inzestgeschichte, meine Ängste und Nöte zu seinem Vorteil im Kampf um das Sorgerecht um unsere Tochter missbraucht.

Ich erhalte einen Brief, in dem mir der gegnerische Anwalt mitteilt, wenn ich auf das Sorgerecht für meine Tochter Nadine bestehe, kämen »unliebsame« Geschichten zur Sprache.

Wie ein Damoklesschwert schwebt die Vergangenheit über mir: Aus mehreren Gläsern Brombeerwein, die mich nach dem Tod meines ersten Kindes völlig umgehauen haben, formulieren Kurt und sein Anwalt den Vorwurf des Alkoholmissbrauchs. Wegen ein paar Joints, die ich sogar zusammen mit Kurt bei unseren Freunden Helene und Jürgen, die nach Amsterdam gezogen sind, probiert habe, wird mir Drogenkonsum unterstellt. Sie spinnen ein Netzwerk, aus dem ich nicht entkomme. Ein Komplott. Eine Verschwörung.

Ich stehe fassungslos und hilflos vor dieser Entwicklung und weiß sie nicht zu stoppen.

In den Briefen an das Familiengericht wird das Alter meiner Mutter auf zwölf Jahre bei meiner Geburt gesenkt, um alles noch dramatischer darzustellen, als es sowieso schon ist. Die Briefe enthalten auch Anspielungen, die annehmen lassen, mir persönlich sei ein inzestuöser Missbrauch widerfahren.

Mein Anwalt teilt der gegnerischen Partei mit, dass der Tatbestand der Erpressung erfüllt ist und sie eine Anzeige erhalten, wenn sie noch einmal solche Behauptungen aufstellen.

Mein Vater kann mir nicht helfen, obwohl er die kriminelle Energie dazu hätte. In den letzten Wochen hat er lamentiert: »Kurt ist Skorpion. Die Stiche eines Skorpions sind tödlich! Ein Skorpion kann nur von einem anderen Skorpion besiegt werden – als Waage schaffst du das nicht. Er wird dich fertig machen!«

Der Familienrichter möchte mir das Sorgerecht zusprechen, ist sich aber wegen meiner seelischen Verfassung unsicher und hätte gern ein Zeichen meiner Stabilität. Sieht er, dass ich mich in der schlimmsten Krise meines Lebens befinde? Ginge es mir gut, hätten Kurt und Gitte keine Chance auf das Sorgerecht. Sie ist ja noch Schülerin und hat nicht mal ihren Schulabschluss.

In meiner Not rufe ich erneut meinen Vater an und bitte ihn um Hilfe. Er schickt einen Brief an das Familiengericht und schadet mir damit mehr, als dass er mir hilft. In seinem Schreiben empört er sich, vor dem Hintergrund meiner inzestuösen Abstammung würde ein Vernichtungsfeldzug gegen mich geführt. Meine Mutter sei schließlich vierzehn, nicht erst zwölf Jahr bei meiner Geburt gewesen ...

Kurt stellt die Tatsache meines bestehenden Kontaktes zum Vater als eine Gefahr für das Kind dar. Ich falle aus allen Wolken! Mein Vater ist ihm bis zu diesem Tag als Freund stets willkommen gewesen und mutiert jetzt in diesem Scheidungskrieg als Kampfmittel um das Sorgerecht für meine Tochter zu einem Verbrecher. Auf einmal ist er sehr wohl der Kinderschänder.

Ich kann das alles kaum fassen. Was passiert hier in meinem Leben? Es scheint wie von Parasiten befallen zu sein, verseucht von einer ganzen Invasion solcher Viecher. Aber es sind tatsächlich Menschen, die mich quälen, – Pädophile, Mitwissende, Schweigende und deren Handlanger. Wie wehrt man sich gegen Seelenmörder?

Gitte soll, wenn es nach Kurt geht, auf eine eigene Ausbildung und einen Beruf verzichten, weil es in dieser Situation vor dem Familiengericht einen besseren Eindruck macht, wenn sie sich als zukünftige Hausfrau und Ersatzmutter meiner Tochter präsentiert.

Kurt und Gitte stellen mich vor vollendete Tatsachen, und ich reagiere wieder panisch.

Ohne mich bei Kurt anzumelden oder ihn zu fragen, hole ich Nadine zu mir.

Kurt erstattet Anzeige wegen Kindesentführung.

Mein Anwalt ist wütend, mit welchen Mitteln und Unverschämtheiten Kurt um das Sorgerecht kämpft.

Ich zanke und hadere. Will Kurt mich vernichten? Was soll ich tun? Werde ich Hilfe erhalten?

Dass sich ein verheirateter Mann in eine andere Frau verliebt, passiert in vielen Ehen, aber muss es mit so viel zerstörerischen Energien einhergehen?

Meine größte Dummheit, dies erkenne ich, als ich dieses Buch schreibe, war es, einen Mann zu heiraten, der meinem Vater so ähnlich ist. In der Annahme, an seiner Seite meiner Geschichte zu entkommen, nahm ich den Erstbesten. Kurt steht meinem Vater aber an Gemeinheit in nichts nach, sondern setzt fort, was ich so und nicht anders längst kenne. Es ist, als wiederhole sich das Schicksal von Missbrauch, Leid und Verlust. Ich weiß nicht, wie man einen solchen Psychokrimi stoppen kann.

Doch Verzweiflung ist ein schlechter Ratgeber. Man sollte Entscheidungen, wenn sie denn schon emotional begründet sind, immer erst treffen, wenn die Tränen getrocknet sind. Hass und Angst sind keine guten Wegweiser. Ich sehe keinen Ausweg, keine Lösung, Selbstmordpläne besetzen meinen Kopf.

Aber kann ich dahin zurückgehen, woher ich gekommen bin, wenn ich gar nicht weiß, warum es mich gibt und woher ich kam?

Eine Überdosis Schlaftabletten und ein Licht am Ende eines Tunnels, das mich magisch anzieht ... Doch ich kehre zurück in dieses Leben. Mir bleibt nichts anderes übrig, als dieses Leben und meine Aufgabe des Daseins anzunehmen.

Ein Mensch, der zu mir hält, ist die Fürsorgerin des Jugendamts. »Sie bekommen das Sorgerecht, daran besteht gar kein Zweifel!«, sagt sie.

Es geht nicht allein darum, dass ich diesen Prozess und damit mein Kind verlieren könnte, sondern dass ich mich selbst noch gar nicht angenommen habe, bei mir selbst noch nicht angekommen bin.

Ich hätte Kurt seinen Koffer vor die Tür stellen und das Schloss auswechseln lassen sollen. Dann hätten er und seine Geliebte sich ihre große Liebe beweisen müssen, prüfen, wie ernst und stabil diese Liebe ist. Ohne Haus. Ohne Luxus.

In einer Mietwohnung. Zu reduzierten Bedingungen.

Mein Instinkt warnt mich, von diesem Mann finanziell abhängig zu bleiben. Das wäre Bequemlichkeit zu einem sehr hohen Preis.

Ich will mich noch entwickeln, mich selbst kennen lernen. Ich will mir lieber mein eigenes Leben aufbauen. Um meinen Unterhalt müsste ich gewiss immer wieder streiten, und Kurt behielte die Macht über mein Leben und könnte die Reduzierung meiner Person weiterbetreiben wie ein Spiel.

Meiner inneren Stimme und Stärke nach dem Überleben des Suizidversuchs folgend, bestehe ich auf Scheidung ausschließlich des Notbedarfs, das heißt, ich verzichte weit gehend und beanspruche lediglich den notwendigen Unterhalt. Mein Anwalt schlägt die Hände über dem Kopf zusammen. Doch ich will nur eines: möglichst schnell geschieden werden.

Als Frau ist es zur damaligen Zeit zwar nicht leicht, bei null zu beginnen und eine eigene Existenz aufzubauen, auch wenn ich arbeitsam und diszipliniert bin. Mir ist bewusst, dass ich doppelt so viel werde leisten müssen, um im Beruf Karriere zu machen. Gewiss werden mich viele für eine Rabenmutter halten, wenn ich nicht bis zum Schluss um mein Kind kämpfe. Lebt eine Tochter beim Vater, sind die Vorurteile gegen die Mutter groß.

Meine Existenzangst, meine Unsicherheit und meine Minderwertigkeitsgefühle irritieren die Fürsorgerin des Jugendamts. Vielleicht bräuchte sie ein Zeichen meiner inneren Stärke. Vielleicht wartet sie auf Hinweise, dass ich, wenn ich will, wie eine Tigerin um mein Kind kämpfen kann. Aber ich will nicht kämpfen. Ich werde loslassen.

Ein Kind ist kein Besitz und kein Eigentum, das man halbieren kann. Geht es bei dem Sorgerechtsstreit überhaupt darum, bei welchem Elternteil Nadine leben soll, oder geht es nicht vielmehr um Kurts Egoismus, sein Image und ums Geld.

Eines Tages wird meine Tochter hoffentlich begreifen, dass Handeln aus Liebe nichts mit egoistischem Besitzdenken gemein hat.

Kurt erpresst mich mit dem Inzest um das Liebste meines Lebens. Ich will weg. Ich bin diesem Elternhaus entkommen, hoffentlich ist auch Kurt bald aus meinem Leben verschwunden. Ich träume insgeheim von einem selbstbestimmten Leben.

Dass die Scheidung selbst der Wendepunkt in meinem

Leben ist, mit dem meine Zukunft in positive Bahnen gelenkt wird, begreife ich zu diesem Zeitpunkt noch nicht.

Ich stürze mich in die Arbeit. Durch meinen Beruf begegne ich vielen interessanten Männern, scheue jedoch persönliche Kontakte. Dann treffe ich eines Tages in einer Klinik, in der ich eine Freundin besuche, einen Mann, der dort seine kranke Mutter besucht. Er ist Kripobeamter und sechsundzwanzig Jahre älter als ich. Bei einem Treffen schenkt er mir das Buch »Wir sind nicht nur von dieser Welt« von Hoimar von Ditfurth. Bei ihm fühle ich mich in Sicherheit. Schon bald schmiedet er ernsthaft Zukunftspläne.

Doch ich bin noch nicht bereit für eine erneute Bindung. Ich will erst mal etwas aus meinem Leben machen, und ich will meine Freiheit.

Mein Vater versucht zudem, mir die Beziehung madig zu machen. Als ahne er, dass ihm dieser Mann, der Kriminalkommissar ist, gefährlich werden könnte, wenn der sein Lügengebäude durchschaut.

Mir persönlich macht das enge Verhältnis dieses Mannes zu seiner Mutter Angst.

Wir verlieren uns schließlich aus den Augen.

# TEIL 3

## AUF DER SUCHE NACH EINEM BESSEREN LEBEN

# KAPITEL 11

Ich bin nach wie vor angreifbar, weil es mich gibt. An meiner Entstehungsgeschichte hat sich nichts geändert. Doch etwas ist mittlerweile anders: Ich habe mich zum Weiterleben entschieden. Ich erkenne darin eine Chance, die ich ergreifen will.

Auf meine Zeugung und meine Geburt hatte ich keinen Einfluss. Aber jetzt kann ich die Fäden selbst in die Hand nehmen.

Wie viele Menschen haben jahrelang vom Schicksal meiner Mutter gewusst, bevor dieses zu meinem Schicksal wurde? Wie viele haben durch ihr Wissen und Schweigen meine Entstehung, meine Heimatlosigkeit hingenommen.

Immer haben die anderen, zum Teil wildfremde Menschen einen Wissensvorsprung, während ich meiner eigenen Geschichte nachlaufe und mühsam nach der Wahrheit suchen muss. Und selbst das scheinen sie mir zu verübeln, so als gestehen sie mir nicht einmal das Recht zu, mich selbst kennen und lieben zu lernen, das innere Kind in mir zu entdecken, es an die Hand zu nehmen und durch das Leben zu führen.

Allein lebend habe ich jeden Tag eine neue Chance, mir selbst näher zu kommen. Ich verlasse die vertrauten Orte, die Dörfer, die Kleinstädte und die Provinznester. Ich entscheide mich, für meinen Zeitungsverlag einen Job in einer anderen Stadt anzunehmen. Auf diese Weise entkomme ich mit jedem Umzug Kurts Einfluss ein Stück mehr, seinem Hass, seinem Neid und seiner Missgunst.

Nach Ostbevern fahre ich selten, höchstens mal, wenn ich Angelina besuche, die in Münster lebt.

Bei ihr übernachte ich auch, als ich Heipie, meine erste Liebe, wiedertreffe. Er hatte mir eines Tages einen Brief geschrieben, mich gefragt, wie es mir gehe, und mir mitgeteilt, dass er in Berlin Architektur studiere. Wir telefonierten und verabredeten uns für einen Abend in Münster.

Wenige Tage später, bei Angelina in Münster, steht er vor mir, so wie ich ihn in Erinnerung behalten habe. Er hat sich kaum verändert, sein brauner Lockenkopf und die großen Augen ... Er trägt wegen der Kälte einen Dufflecoat und ein Barett auf dem Kopf.

Wir fahren mit seinem Auto in die Altstadt von Münster und kehren dort in eine Kneipe ein.

Wie kann man sich so fremd und gleichzeitig so vertraut sein? Ich spüre meine alten Gefühle auf und studiere seine Gesichtszüge.

Der Abend verläuft gesprächig und unterhaltsam, ich bleibe aber distanziert. Zwischen uns ist eine Mauer. Mir wird bewusst, wie sehr mich sein Gehorsam der Mutter gegenüber, sein Verrat und seine Trennung verletzt haben. Ich kann nicht so tun, als sei nichts gewesen.

Wir spazieren in der Dunkelheit um den verschneiten Aasee.

Er fragt mich tatsächlich, ob ich mir vorstellen könnte, ihm nach Berlin zu folgen. Jetzt, da er dort Architektur studiert und seine Mutter keine Rolle mehr in seinem Alltag spielt.

Nein, ich kann es nicht. Ich will es nicht. Er hat seine Entscheidung getroffen. Vor langer Zeit. Die Gefühle wieder zu beleben ist nicht meine Sache. Vorbei ist vorbei. Dies kann man als Schwäche oder Stärke betrachten, aber wer mich einmal so feige, so tief gedemütigt und verletzt hat, hat seinen Platz in meinem Leben verwirkt. Vielleicht habe ich diesen Zug von meiner Schwestermutter geerbt, auch sie, so heißt es, könne nicht verzeihen.

Es gibt Unrecht, das man meiner Ansicht nach nicht vergessen darf. Dazu gehört der Verrat. Das Leugnen von Beziehungen und Gefühlen zu Gunsten materieller oder persönlicher Vorteile, Standesdünkel.

Heipie nach Berlin zu folgen wäre für mich mit Erwartungen an ihn verbunden, die er nicht erfüllen könnte. Meine Ansprüche sind gewachsen, und er würde vermutlich scheitern.

Wir stehen um Mitternacht unter Trauerweiden und verabschieden uns. Unsere Wege trennen sich, wir sehen uns nie wieder.

Später im Bett liege ich noch lange wach und denke, wie schön romantische Erinnerungen sind. Ich möchte sie mir als solche erhalten, weil ich nur wenige davon habe.

Jedes zweite Wochenende hole ich Nadine zu mir, merke, wie Kurt gegen mich hetzt und sie unter seiner Manipulation leidet. Er lässt nichts unversucht, uns zu entfremden und die Mutter-Kind-Beziehung zu zerstören. Wenn ich ihr etwas kaufe, macht er das Geschenk schlecht. Kleidungsstücke, die ich ihr kaufe, haben angeblich keine gute Qualität oder sind in der Wäsche eingelaufen. Er lässt sich keine Gelegenheit entgehen, mich vor dem Kind zu demütigen. Dass er damit langfristig dem Kind schadet, das zu lieben er vorgibt, begreift er lange Zeit nicht.

In einer Gerichtsverhandlung droht ihm der Richter,

wenn er nicht aufhöre, mich mit seinem Hass zu verfolgen, werde man sich überlegen müssen, ihm das Sorgerecht zu entziehen! Aber die Frau vom Jugendamt sagt mir, es sei sehr schwer, jemandem das erteilte Sorgerecht zu entziehen. Er müsse sein Kind quälen. Emotionale Quälerei zählt nicht.

Am 1. September 1981 wird unsere Ehe geschieden. Ganze sechs Jahre hat sie bis zu diesem Tag bestanden. Ich bin froh, dass es nun vorbei ist.

Nach dem Scheidungstermin fühle ich mich erst mal erschöpft, dann erleichtert und kurz darauf so verzweifelt, dass ich mein Auto an einem Waldrand anhalte und losheule. Ich war so naiv, zu glauben, eine Ehe, auch wenn sie nicht auf Liebe basiert, hätte eine Chance; eine Ehe, gegen die alle intrigieren, könnte dennoch genug Stärke haben, um auf Dauer zu bestehen.

*Er war nicht besser als mein Vater!,* denke ich. Sie gehören beide zu den Menschen, die alles für sich beanspruchen, sich alles ohne Rücksicht auf andere nehmen und meinen, gegenüber anderen Menschen mehr Rechte in diesem Leben zu haben.

Gedanken sind Energien. Ich wage nicht, ihm zu wünschen, dass er alles das eines Tages selbst erleben möge. Dass sich das Schicksal in gleicher Weise gegen ihn verschwören soll und er sich dann eigentlich nur noch das Leben nehmen kann. Aber nicht mal diesen Gedanken, nicht mal diesen Wunsch ist er mir in diesem Moment noch wert.

Dank meines Berufes und einiger lieber Menschen stehe ich diese schwere Zeit durch und baue mir ein neues Leben auf, richte mir eine schöne Wohnung ein.

Im Job läuft es immer besser, weil ich immer erfahrener und selbstbewusster werde. Ich lerne nette Menschen kennen und gewinne Freunde.

Auch sympathische Männer treffe ich, will mich aber nicht wieder binden, obwohl manch einer keinen Hehl daraus macht, dass er mich sofort heiraten würde. Doch bemerke ich solcherlei Absichten, ergreife ich sofort die Flucht. Ich habe Angst vor einer Beziehung, vor zu viel Nähe und vor den Abgründen der menschlichen Natur.

Am meisten jedoch leide ich darunter, dass ich meine Tochter so selten sehe. Ich habe Sehnsucht nach ihr, und die Besuchswochenenden sind viel zu kurz.

Am schlimmsten ist meine Einsamkeit an Geburtstagen und an Weihnachten. An trüben Herbsttagen gehen mir Gedanken durch den Kopf wie: Ich bin das Kind, zu dem meine Mutter nicht gefragt wurde. Das Kind, das ihr kein Glück gebracht hat. Über dessen Entstehung keine Freude wächst. Ein Kind, das für einen Täter und sein Opfer eine Katastrophe ist, weil es Beweis eines Verbrechens ist.

Im ersten Jahr nach meiner Scheidung lädt mein Vater mich über Weihnachten zu sich und Claire nach Österreich ein. Ich freue mich darauf. Werde nicht allein sein an den Feiertagen und die neue Frau an seiner Seite kennen lernen. Ich versuche, mir das verschneite Salzkammergut vorzustellen. Das Ticket für den Nachtzug nach Vöcklabruck, der frühmorgens eintreffen wird, liegt bereits auf meinem Schreibtisch.

Wenige Tage vor Weihnachten ruft mein Vater an: »Es tut mir sehr Leid, aber ich muss dir absagen. Claire ging es in der letzten Zeit nicht gut, sie ist gerade erst aus dem

Krankenhaus zurück und fühlt sich mit Weihnachtsbesuch überfordert.«

Ich versuche, mir meine Enttäuschung nicht anmerken zu lassen.

Statt im Salzkammergut durch den Schnee zu stapfen oder sich am knisternden Kamin zu wärmen, sitze ich am Heiligabend an meiner Schreibmaschine und schreibe an meinem Roman, suche später im Radio einen Sender, der Weihnachtslieder spielt.

Bekannte und Freunde haben zuvor gefragt, was ich Weihnachten mache; ich habe ihnen erzählt, dass ich zu meinem Vater und Claire fahre. So haben sie eigene Pläne verwirklicht und sind jetzt alle verreist.

Mein erstes Weihnachtsfest nach der Scheidung – und ich bin allein. Aber es ist nicht so schlimm wie befürchtet, anders, als ich es mir vorgestellt und gewünscht habe.

Kurt und Gitte heiraten im zweiten Jahr nach unserer Scheidung, aber erst, als Gitte schon hochschwanger ist und kurz vor der Entbindung steht.

Wieso heiraten sie erst jetzt? Sie konnten die Scheidung doch kaum abwarten, sie zog noch am Tag meines Auszuges in unser Haus ein und legte sich in unser ehemaliges Ehebett. Sie waren sich sofort sicher, dass sie aus strategischen Gründen die Ersatzmutterrolle für Nadine übernehmen und im Hause sein würde, also Familienidylle pur – und nun muss sie erst hochschwanger sein, um endlich geheiratet zu werden?

Gitte und Kurt lassen mich an der Entwicklung und den Fortschritten meiner Tochter Nadine nicht teilhaben, weder an ihrer Kindergartenzeit noch an ihrer Einschulung. Ich sehe in all den Jahren kein einziges Schulzeugnis meiner

Tochter, bin weder zum Geburtstag noch zur Kommunion eingeladen.

Doch ich bin und bleibe die Mutter meines Kindes.

Nachdem ich mehrere Jahre nicht mehr in Ostbevern war, ruft mich plötzlich die Frau meines Vaters an und legt am Telefon ein gekonntes Rührstück hin: Sie sei zufällig in der Gegend. Irgendwann müsse man doch unter Geschehenes einen Schlussstrich ziehen.

Ich bin ihrer Raffinesse nicht gewachsen, obwohl ich ihren Charakter genau kenne und weiß, dass ich ihrer gespielten Gutmütigkeit nicht trauen kann. Aus undefinierbaren Schuldgefühlen heraus sage ich zu.

Habe *ich* denn etwas gutzumachen?

Muss ich etwa dankbar sein, bei Verbrechern aufgewachsen zu sein? Ich bin nicht der Meinung, dass ein Kind allein dafür dankbar sein muss, dass es ein Dach über dem Kopf, Essen und Trinken hatte.

*Ihr* muss ich bestimmt nicht dankbar sein! Nicht für das, was sie mitverschuldet hat.

Dann steht sie vor meiner Tür. Sie sieht sich neugierig in meiner Wohnung um.

»Das hätte ich ja nun nicht gedacht, dass du so schön wohnst! Und alles so sauber und aufgeräumt.«

Ich hätte es wissen müssen. Ich hätte sie auf der Stelle rauswerfen sollen.

Wie hätte ich denn ihrer Meinung nach wohnen sollen? In einem Loch? Auf der Straße? Unter einer Brücke? Glaubt sie etwa, ich könne ohne sie nicht leben? – Ohne sie habe ich doch erst angefangen zu leben!

Sie schleimt sich bei mir ein und bettelt förmlich, etwas für mich tun zu können. Und schon hat sie eine gute Idee:

Mein Auto. Ein Kleinwagen, ein kleiner Flitzer. Sie vermutet richtig, dass er finanziert ist. Wovon hätte ich nach der Scheidung ein Auto bar bezahlen sollen? Sie will die Finanzierung für mich vorzeitig ablösen, obwohl das in den meisten Fällen eine kostspieligere Sache als die Finanzierung selbst ist.

Mein Instinkt sagt mir: Tue es nicht! Es wird dich teuer zu stehen kommen. Bin ich nicht froh, sie los zu sein?

Doch sie lässt nicht locker.

Schließlich gebe ich nach. Wir Kinder haben auf vieles verzichtet, während das Knastleben unseres Vaters finanziert werden musste. Eine Wiedergutmachung?

An dem Wochenende, an dem sie bei mir einfällt, ist auch Nadine bei mir. Während ich in der Küche stehe und Gemüse putze, höre ich, wie die Frau meines Vaters zu Nadine sagt: »Na, wie ist es denn, wenn der Vater mit einer anderen Frau in Sünde lebt?«

Ich glaube, meinen Ohren nicht zu trauen, und schieße wie ein Pfeil aus der Küche. »Sag mal, spinnst du?«

Sie blickt mich bloß erstaunt an.

»Bist du des Wahnsinns? Willst du mir noch mehr Ärger einbrocken? Was denkst du dir dabei, dem Kind so einen Unsinn zu erzählen? Was glaubst du, wenn sie das Kurt erzählt? Der rennt sofort zum Anwalt und zum Jugendamt, und ich bekomme wieder irgendeine Androhung. Wenn ich das Kind beeinflusse oder so etwas nicht zu ihrem Schutz ausschließen kann, wird er mir das Besuchsrecht auch noch streitig machen!«

Sie scheint mal wieder nichts zu verstehen.

»Lass es bitte!«, sage ich nur noch ganz bestimmt.

»Aber einer muss es dem Mädchen doch sagen!«

Ich bin froh, als sie wieder abreist und der Psychostress für mich und Nadine vorbei ist.

Später stelle ich fest, dass mein mit Türkisen besetztes Silberkreuz und mein mit Korallen verziertes Medaillon, die beiden von meiner Patentante für mich entworfenen und gefertigten Schmuckstücke, ein Pendel, das mein Vater mir gegeben hat, und das goldene Herz, das ich einst dem Juwelier aus dem Tresor stahl, fehlen.

Drei Tage später erhalte ich Post von Kurts Anwalt, der mir droht, über das Jugendamt die Besuchswochenenden streichen zu lassen, da er sich solche Beeinflussungen, natürlich zum Schutze des Kindes, verbittet.

Bilder der Erinnerungen ... Ich habe alle Alben mit den Bildern meiner Kindheit verbrannt. Es gibt keine Fotos mehr, Flammen haben sie zerfressen. Die seelischen Qualen aber sind geblieben.

An meinen freien Wochenenden versinke ich in Märchen, Mythen und Träumen. Wie war das mit Dornröschen? Mit der Fee? Mit der Zauberfrau? Mit Rotkäppchen und dem bösen Wolf? Steht es nicht längst alles geschrieben?

Es gibt Begreifbares und Unbegreifbares, Fassbares und Unfassbares. Ich suche nach einer Erklärung, die mir hilft, mit meiner Geschichte zu überleben.

Abends habe ich Termine, und noch in der Nacht schreibe ich die jeweiligen Artikel und bringe sie in die Redaktion. Meist komme ich erst weit nach Mitternacht ins Bett.

Mein Blick fällt auf einen Brief von Helene und Jürgen, der zwischen Zetteln hervorlugt. Die beiden hat es nun nach Griechenland verschlagen. Voller Optimismus und Lebensfreude erzählen sie von ihrem Haus auf Kreta in der Hafenstadt Chania, schwärmen vom griechischen Alltag, der Freundlichkeit der Griechen. Es klingt alles sehr unkompliziert und glücklich.

Sie laden mich ein, zu kommen und so lange zu bleiben, wie ich will. Ich antworte sofort. In zwei Monaten könnte ich Urlaub nehmen.

Ich genieße meine Freiheit. Ich bin seit meiner Scheidung niemandem mehr Rechenschaft schuldig oder verpflichtet.

Eine gute Woche nach meinem Brief an die beiden lerne ich über eine Freundin einen Studenten kennen, der den ungewöhnlichen Namen Metternich trägt. Er ist ein aufgeschlossener Typ und erzählt bei einem Wein in dem Bistro, in dem wir sitzen, dass er nach Griechenland will.

Ich werde sofort hellhörig und erwähne Helene und Jürgen. »Das sind Freunde von mir. Sie haben ein Haus auf Kreta!«

»Wenn du willst, nehme ich dich mit«, sagt Metternich. »Dann brauche ich die weite Strecke wenigstens nicht alleine zu reisen!« Es macht den Anschein, als habe er nur auf mich als Beifahrerin gewartet.

»Sag das nicht nochmal, sonst nehme ich dich beim Wort«, erwidere ich lachend. »Wann und wie fährst du denn?«

»Morgen. Zwölf Uhr. Wenn du mitwillst, musst du dich also bald entscheiden. Und eine Bedingung: Nur das Nötigste wird mitgenommen! Nur ein Gepäckstück! Mein Auto ist zu klein für unnötigen Ballast. Alles Überflüssige bleibt am Straßenrand stehen!«

Als ich gegen Mitternacht heimkehre, jagt ein Gedanke den anderen in meinem Kopf. *Soll ich? ... Soll ich nicht? ... Das Angebot klingt so verlockend ... Solch eine Gelegenheit wird sich mir sicher nicht mehr so schnell bieten ...*

Ich habe bis zum Morgen Zeit für eine Entscheidung.

Aber eigentlich habe ich sie längst getroffen.

Am nächsten Mittag stehe ich mit einem Rucksack am Marktplatz und warte auf Metternich, der in seiner grünen Ente anzockelt.

Ich werfe mein Gepäck auf den Rücksitz und steige grinsend ein.

Ich habe mich nicht mal verabschiedet. Von niemandem. Ich werde schließlich wiederkommen.

Die Fahrt geht über Frankreich und Italien bis Ancona, mit der Fähre nach Athen und von dort aus direkt nach Kreta. Am frühen Morgen gehen wir von Bord des Schiffes.

Chania liegt noch im Schlaf. Nur Hafenarbeiter haben ihre Arbeit aufgenommen. Metternich ist sauer, weil ich ihm erst während der Fahrt erzählt habe, dass ich nicht weiß, wo Helene und Jürgen genau leben, da ihre Post stets postlagernd nach Griechenland geht und von Jürgen einmal in der Woche vom Hauptpostamt abgeholt wird.

»Was willst du denn jetzt machen?«, schimpft er laut vor sich hin. »Chania ist groß. Deine Freunde findest du dort nie! Mit mir kannst du nicht weiterreisen. Ich bin selbst bei Leuten eingeladen. Da kann ich nicht einfach jemanden mitbringen ...«

Wir nehmen Platz in einem Hafencafé und bestellen erst mal einen griechischen Kaffee. Ich bin nachdenklich, ruhig. Mein Optimismus sagt mir, dass sich alles fügen wird.

Inzwischen ist die Sonne aufgegangen, der Hafen hat sich mit jeder Stunde mit mehr Leben gefüllt. Chania ist eine muntere Stadt, Kretas Tor zur Welt.

Als ich meinen Blick an der Hafenmauer entlangstreifen lasse, sehe ich einen Mann am Kai sitzen. Er lässt die Beine aus hochgekrempelten Jeans ins Wasser baumeln und hält eine Angel ins Meer. Ich beuge mich vor, um genauer hinzusehen. »Du, warte mal ...«, sage ich zu Metternich, »ich muss mir mal den Typ da auf der Hafenmauer anschauen, bin gleich wieder da.«

Neugierig spaziere ich an der Mauer auf den Mann zu. Als ich mich ihm bis auf wenige Schritte genähert habe, schaut er mehr zufällig hoch. Ich sehe einen schlanken, braun gebrannten, dunkelhaarigen, bärtigen Typ. Meine und seine Augen treffen sich. Irritiert blicken wir uns an. Dann erst folgt der freudige Moment des Erkennens. Jürgen springt auf, lässt seine Angel fallen und nimmt mich in die Arme: »Bist du es wirklich?«

Während wir uns in den Armen liegen und er mich willkommen heißt, ist Metternich herangekommen, steht ungläubig da, versteht nichts von dem, was geschieht.

»Helene wird sich freuen! Komm, wir gehen gleich zu ihr. Wir wohnen gar nicht weit weg ...«

Helene und Jürgen wollen auch Metternich gastfreundlich aufnehmen, doch der hat es eilig, will seine Freunde nicht warten lassen. Wir trinken noch kurz einen Kaffee, dann setzt er seine Reise fort. In vier Wochen wird er wiederkommen und mich mit zurück nach Deutschland nehmen.

»Hast du denn unseren zweiten Brief schon bekommen?«, fragt Jürgen ungläubig. »So schnell geht das doch nicht! Wir haben dir erst vor ein paar Tagen geschrieben, dass du von uns aus gern sofort kommen kannst, nicht erst in zwei Monaten!«

Es werden wunderbare vier Wochen. Meine Freunde bieten mir an, für immer zu bleiben. Doch mich zieht es nach Deutschland zurück. Ich habe noch so viele berufliche Pläne. Außerdem denke ich an Nadine.

Als ich nach vier Wochen zu Hause den Briefkasten leere, fällt mir der Brief von Jürgen und Helene entgegen. Darin steht, dass sie mich am liebsten sofort auf Kreta begrüßen würden. Schmunzelnd lege ich ihn zur Seite.

# KAPITEL 12

Ich verzeichne beruflich einige Erfolge und verdiene mittlerweile auch mehr als zu Beginn meiner Berufstätigkeit. Besonders dieser materielle Erfolg beruhigt mich und nimmt mir meine Ängste, es allein womöglich nicht zu schaffen. Ich fühle mich immer mehr darin bestärkt, auf mich selbst zu hören. Meinen eigenen Weg zu finden und zu gehen. Nicht darüber nachzudenken, was andere über mich reden. Selbstvertrauen zu entwickeln. Auf diese Weise führt mich mein Weg weiter in ein immer besseres Leben.

In unserer Zeitung inseriert eines Tages eine sehr bekannte Kartenlegerin, die ich aufsuche, um etwas über sie und ihr Handwerk oder ihre Begabung zu schreiben. Sie legt mir bei dieser Gelegenheit die Karten und sagt mir meine Zukunft voraus.

Nach ihrer Voraussage werde ich innerhalb des nächsten halben Jahres erneut heiraten, in dieser Ehe zwei weitere Kinder, und zwar einen Jungen und ein Mädchen, bekommen. Sie beschreibt mir meinen zukünftigen Ehemann: Er lebt allein, ist groß, schlank und blond, vermögend, Vater einer Tochter, die nicht bei ihm lebt, hat eine gute berufliche Position. Mit ihm würde ich glücklich, auch wenn Krankheit und Schulden die Ehe überschatten.

Ich amüsiere mich köstlich, weil ich alles andere als ausgerechnet Heiratspläne hege und Familiengründung nun wirklich nicht auf meinem Plan steht. Mir kommen die Worte der Kartenlegerin völlig absurd vor, und ich verschwende keine weiteren Gedanken daran.

An einem Montagmorgen ruft mich eine Journalistenkollegin an, die mit dem Thema Inzest konfrontiert wurde und mich um Unterstützung bittet. Ich gehe auf Abwehr, denn mir macht dieses Thema Angst. Ich fühle mich damit überfordert.

Sie recherchiert für eine Reportage, die der Frage nachgeht, warum manche Frauen die Namen der Väter ihrer nichtehelichen Kinder nicht angeben – und wurde in mehreren Fällen mit Mutter-Sohn-Inzestkindern konfrontiert.

Da sie meine Geschichte kennt, berichtet sie mir aufgeregt: »Du, es gibt Frauen, die doch tatsächlich gestehen, ein Kind von ihrem eigenen geschlechtsreifen Sohn zu haben, und dieses entweder ihrem Ehemann als Nachzügler unterjubeln oder den Jugendbehörden aus Angst vor Strafverfolgung den Vater des Kindes nicht nennen und somit auf Kindesunterhalt verzichten. Eigentlich ein Thema für dich!«

Eigentlich ... aber ich bin noch nicht so weit.

Dabei möchte ich gern häufiger ernsthafte, soziale Themen aufgreifen. Aber kann man davon leben? Vom Verkauf solcher Reportagen? Wer wird diese veröffentlichen? Gibt es eine Leserschaft? Ich habe Bedenken, zu viele Bedenken. Dennoch sehne ich mich nach einer beruflichen Veränderung.

Wenige Tage später fragt mein Verleger, ob ich zur Redaktion nach Bad Kreuznach wechseln möchte. Ich sage sofort zu.

Zunächst behalte ich meine kleine Galeriewohnung in Bendorf und fahre mit meinem blauen Flitzer täglich von

Bendorf nach Bad Kreuznach. Aber nach kurzer Zeit liebe ich das kleine Städtchen an der Nahe so sehr, dass ich dort bleiben möchte. Außerdem liegt es auch nicht weit weg von Koblenz, sodass ich Nadine öfter sehen kann. Ich kann ein modernes Apartment direkt über dem Verlagsbüro beziehen.

Zum Erstaunen aller wird jedoch nach kurzer Zeit bekannt, dass der Verlag mit einem anderen fusioniert, wodurch meine berufliche Zukunft und die der Kolleginnen und Kollegen ungewiss wird. Wir stehen vor der Wahl, in unsicherer Position zu bleiben oder zu gehen.

Nach einer Analyse der Lage entscheide ich mich, meine Pläne zu ändern und mich beruflich im süddeutschen Raum zu orientieren.

Ich reise zu Bewerbungs- und Vorstellungsgesprächen nach Stuttgart. Regina, die wie Babette ihr Glück in Afrika gesucht hatte, ist inzwischen von ihrem Mann getrennt und zurück in Deutschland. Sie arbeitet als Vorstandssekretärin in einer renommierten Stuttgarter Firma. Als ich meinen Besuch bei ihr ankündige, den ich mit den beruflichen Terminen verbinden möchte, freut sie sich riesig.

Ich erzähle ihr von meinen Plänen, nach Stuttgart zu wechseln, und sie schlägt mir vor, mit ihr eine Wohngemeinschaft zu gründen. So könnten wir uns das Leben in der nicht gerade billigen Schwabenmetropole durch Teilung der Wohnkosten erleichtern.

Es ist ein eiskalter, verschneiter Novemberabend im Jahr 1983, als ich am späten Abend in Stuttgart eintreffe. Ich kenne mich in der Stadt nicht aus und finde mich in der Dunkelheit nicht zurecht. Ich rufe bei Regina an. Besetzt. Auch nach dem zweiten und dritten Versuch ertönt noch immer das Besetztzeichen. Da fällt mir der Zettel mit der

Telefonnummer ein. Meine Schwester hatte mir für den Fall, dass ich einen Lotsen durch Stuttgarts Verkehr oder einen Stadtführer brauche, die Telefonnummer eines Kollegen aufgeschrieben. Charly sei sehr hilfsbereit, hatte sie gesagt.

Da meine Schwester das Hobby des Dauertelefonierens pflegt, sehe ich keine andere Chance – es sei denn, ich will mir in der eisig kalten Telefonzelle die Finger wund wählen –, und rufe die Nummer des »Stadtführers« an.

Am anderen Ende der Leitung meldet sich eine sympathische Stimme. Der Kollege meiner Schwester verspricht mir zu helfen.

Nur zehn Minuten später hält im Licht der Straßenlaterne vor der Telefonzelle eine Limousine, aus der, soweit in der Dunkelheit und dem spärlichen Licht der Straßenlaterne erkennbar, ein großer schlanker Mann aussteigt und mich scherzhaft fragt: »Sie haben einen Stadtführer bestellt?«

Wenig später fährt er vor mir her, leitet mich durch die Stadt, bis wir bei meiner Schwester ankommen.

Bei Regina ist einiges los. Babette ist aus Afrika zu Besuch. Sie lebt nach wie vor mit ihrer Familie auf dem anderen Kontinent, hat dort zusammen mit ihrem Mann ein pharmazeutisches Unternehmen mit mehreren Angestellten aufgebaut und erwartet gerade ihr drittes Kind. Ein-, zweimal im Jahr kommt sie nach Deutschland, besucht alle Bekannten, Familienangehörigen und Verwandten, versorgt sich mit Luxusartikeln, die auf dem afrikanischen Markt entweder gar nicht oder überteuert angeboten werden und reist wieder ab.

Die Wiedersehensfreude ist groß. Reginas Freund Erwin ist auch da, und wir beschließen, noch alle gemeinsam auszugehen. Babette bleibt lieber daheim, weil sie zu so vorgerückter Stunde einfach zu müde ist. Es ist bereits kurz vor Mitternacht, als wir in einen Club namens »Coupé« einkehren.

Ein Rosenverkäufer geht durch das Nachtlokal und bietet Blumen an. Charly bittet ihn zu sich und kauft Rosen. Rosen für die Damen. Zwei für mich. Eine für meine Schwester. Er erweist sich als ein sehr aufmerksamer Gastgeber.

Regina, der meine offensichtliche Sympathie für ihn nicht entgangen ist, raunt mir zu: »Eingefleischter Junggeselle! Bei dem hast du sowieso keine Chance!«

Umso mehr irritiert mich sein unverblümter Heiratsantrag.

An Abenteuern oder Affären bin ich nicht interessiert. Meine innere Stimme sagt mir, dass er ein Mensch ist, dem ich glauben und trauen kann.

Aber wir kennen uns doch noch gar nicht richtig, und ein Besuch in einem Club und eine gemeinsame Nacht sind schließlich nicht das ganze Leben. Dazu gehört mehr. Viel mehr.

Charly meldet sich täglich, ruft mich abends an. Er bleibt einfach an meiner Seite.

Ich bin längst wieder nach Bad Kreuznach abgereist, komme meist erst spät am Abend von meinen Terminen als Lokaljournalistin zurück und bin dann noch hellwach, wenn der Mond in das Fenster meines kleinen Apartments scheint. Ich liebe diese Stimmung.

Charly richtet es sooft es geht ein, dass er abends in seinem Elternhaus in Wiesbaden ist, ruft an und kommt schließlich noch vorbei. Er bringt fast immer Rosen mit. Nie kommt er ohne eine Aufmerksamkeit.

Und er wiederholt seinen Heiratsantrag.

Er erzählt mir offen, dass er eine Tochter aus einer nichtehelichen Verbindung hat und warum er bisher unverheiratet ist.

Wir verbringen, auch wenn Nadine an den Besuchswochenenden bei mir ist, gesellige Stunden oder unternehmen etwas. Mir gefällt seine unkomplizierte Art, und er ist ein handelnder Mensch. Redet nicht lange, sondern wird aktiv, wenn er sieht, dass Handlungsbedarf besteht oder jemand Hilfe braucht. Er hilft sofort, wenn er darum gebeten wird.

Gibt es das, dass zwei Menschen sich sehen und augenblicklich wissen, dass sie füreinander bestimmt sind, ihr Leben miteinander verbringen wollen?

Mein Herz hat längst »Ja« gesagt, braucht nicht lange zu überlegen. Nach meiner Geschichte kenne ich die Menschen, ich erfasse sofort, ob jemand lügt oder schlechte Absichten hegt. Intensive Gespräche in langen Vollmondnächten bringen uns näher.

Unsere Eheringe kaufen wir in Bad Kreuznach beim ersten Juwelier am Platz, der uns zuerst komisch anschaut, weil wir Blue Jeans tragen, und dann weggeht, um angesichts des Kaufpreises der Ringe zu telefonieren. Dann kommt er wieder, alles ist in bester Ordnung.

Charly stellt mich seiner Mutter, meiner zukünftigen Schwiegermutter, vor. Sie ist nett, unkompliziert und genauso hilfsbereit wie ihr Sohn. Dass man nicht lange überlegt, sondern handelt und hilft, wenn man um etwas gebeten wird, scheint in dieser Familie selbstverständlich zu sein.

Die Angst, das gewonnene Glück, kostbar wie eine Perle und empfindlich wie ein junges Pflänzchen, könnte jäh zerstört werden, lässt mich aus meiner zweiten Heirat so lange wie möglich ein Geheimnis machen.

Einigen vertrauten Menschen können wir unsere Heiratspläne jedoch nicht vorenthalten, denn wir benötigen ihre Hilfe für die Organisation der Feierlichkeit.

Auch ohne Aufgebot geht nichts, und dazu müssen bestimmte Papiere besorgt werden – schließlich hängt es am Standesamt Wiesbaden aus.

Das Elternhaus meines Mannes ist in jeder Hinsicht anders als das Haus, in dem ich groß geworden bin. Die sechshundert Quadratmeter geräumige und großzügige Jugendstilvilla mit Empfangsräumen, Erkern, Winkeln und Türmchen liegt von einem verwunschenen Garten umgeben in bevorzugter Lage in Wiesbaden. Die Villa befindet sich seit ihrer Entstehung um die Jahrhundertwende im ursprünglichen Zustand. Ihre Jugendstilmauern wahren ein edles Kleinod einer längst vergangenen Epoche. Bilder, Gemälde, eine komplette Bibliothek mit Nachschlagewerken, Buchrücken mit Goldauflage, eine Galerie aus der Jahrhundertwende, stilvolle Lampen, Kandelaber und andere Leuchter, Intarsien, wertvolle Vasen in Vitrinen, Tiffanyglas, Jugendstilantiquitäten und historische Speiseaufzüge halten die Atmosphäre einer herrschaftlichen Zeit eingefangen.

Nie in meinem Leben habe ich ein solch prächtiges Haus betreten. Jetzt wird es mein zweites Zuhause.

Die Staubschicht, die auf allen Antiquitäten liegt, wird, so vermute ich damals, wohl in Kauf genommen, um die wertvollen Gegenstände und Möbel nicht durch allzu häufiges Putzen zu strapazieren. Beim Anblick all der Kostbarkeiten, die mit Patina und Staub bedeckt sind, schwanke ich zwischen bewunderndem Respekt vor der vergangenen Epoche und physischem Unbehagen angesichts der Spinnweben. Kein Zweifel, zwischen diesem und jeglichen anderen Elternhäusern liegen Welten. Charlys Familienname weist auf die Abstammung von Hugenotten hin, die, vertrieben durch den Glaubenskrieg, von Frankreich nach Deutschland kamen und sowohl im hessischen Raum Fuß fassten wie auch in Amerika.

*Mein* Elternhaus war ein Verbrecherhaus, getarnt durch weiß verputzte Fassaden mit einem kämpfenden Engel an der Vorderfront.

Charly ist in einem kulturträchtigen, stilvoll vernachlässigten Villenhaushalt groß geworden.

Ich überlege, wann es sich um arme Reiche oder reiche Arme handelt. Ich stelle Studien an und habe völlig neue Erkenntnisse. Es gibt Menschen, die alle Mittel hätten, sich ihr Leben wie ein Paradies auf Erden einzurichten, sich selbst aber Askese, Beschränkungen und Enthaltsamkeit auferlegen, obwohl sie dies nicht müssen und ihr Vermögen nicht mit ins Grab nehmen können. Anders als in meiner Familie sind diese Menschen aber gutmütig, warmherzig und hilfsbereit, nicht aufdringlich, hinterhältig, intrigant und raffgierig.

Ich entdecke unbekannte Seiten an mir und bemerke, dass die Jahre meiner Kindheit und Jugend im Elternhaus der Frau meines Vaters in mir ein ausgeprägtes Ekelempfinden hinterlassen haben. Ich werde mit diesen neu entdeckten Gefühlen im Laufe der Jahre intensiv zu tun haben.

Meine Träume weisen mich darauf hin, dass in meinem Leben noch lange nicht alles geklärt, gelöst und verarbeitet ist. Ich leide unter Panikattacken, Existenz- und Verlustängsten.

Aber es gibt auch Träume, die in die Zukunft weisen und schöne Momentaufnahmen vor meinem inneren Auge erzeugen.

Bis zu diesem Tag habe ich noch nie einen Mann kennen gelernt, der mir Glück bringt, oder eine Mutter, die mir dieses Glück gönnt.

Kurz vor unserer Hochzeit lässt seine Mutter fragen, welche Farbe mein Hochzeitskleid haben wird, welche Blumen ich liebe, mit welchem Geschenk sie mir zur Hochzeit eine Freude machen könne. Eine Mutter, die ihren Kindern alle Wünsche von den Augen abliest und jeden Menschen in ihrem Haus willkommen heißt.

Eine Woche vor unserer Heirat weihen wir meine Schwester Regina in unsere Pläne ein, da sie unsere Trauzeugin sein soll.

Sie sagt: »Hatte ich es doch geahnt, immer wenn ich einen von euch telefonisch erreichen wollte, waren beide Leitungen besetzt!«

Charlys bester und langjähriger Freund Dieter wird ebenfalls Trauzeuge.

Die gedruckten Hochzeitskarten verschicken wir einen Tag vor unserer Heirat: »Wir heiraten heute!«

Sie treffen am Tag unserer Heirat ein.

»Gehörst du auch zu den Nichtgeladenen?«, fragt Babette ihre Mutter, die ehemalige Frau meines Vaters.

Es ist ein Freitag, der 15. Dezember 1983, ein kalter, aber sonnig schöner Wintertag, eine glitzernde Schneedecke hatte Tage zuvor alles in märchenhaften Winterzauber getaucht und die Laternen der Kurstadt mit einer kleinen Schneehaube wie mit Zuckerwatte bedeckt. Die Straßen sind bereits wieder schneefrei, und die Sonne scheint, aber es ist kalt genug, sodass sich die Schneehügel am Straßenrand halten und die Schneekristalle in der Sonne glitzern.

Charly und ich sind am Tag zuvor nach Wiesbaden gekommen, waren nachmittags bei einem Notar und haben in beiderseitigem Einvernehmen Gütertrennung vereinbart. Wir wissen nicht, was das Leben bereithält, ob das Schicksal es gut mit uns meint. Abends verabschieden wir uns im kleinen Kreis mit seiner Familie von unserem Single-Dasein und ziehen durch die Altstadt Wiesbadens.

Regina und Dieter, unsere Trauzeugen, reisen aus Stuttgart an, und wir haben unseren Hochzeitstag so ausgewählt und organisiert, dass meine Tochter Nadine ebenfalls bei uns sein und mitfeiern kann.

Meine plötzliche Eheschließung macht wie ein Lauffeuer die Runde und ist selbstverständlich auch in Ostbevern Thema Nummer eins. Im Dorf ist man immer und zu jeder Zeit informiert und interessiert, was ich und die anderen Schwestern machen.

Anteilnahme, Neugier und Voyeurismus haben meinen Lebensweg ab dem ersten Tag begleitet. Liebe Menschen freuen sich mit mir, gönnen und wünschen mir Glück. Boshafte, deren Weltbild keinen Platz für schöne Dinge bereithält, zerreißen sich das Maul darüber, dass »ein solches Kind«, »eine solche Frau« aus »solch einer Familie«, charmant und intelligent, einen eigenen Weg sucht und konsequent geht und obendrein auch noch Ehe- und Familienglück an der Seite eines netten Mannes findet.

Rasch spricht sich auch herum, dass die Eltern meines Mannes sehr vermögend sind, mein Mann einer sehr gut situierten Familie entstammt, die mehr als zehn Häuser zu ihren Besitztümern zählt.

Prompt bekomme ich einen Brief von der Frau meines Vaters: »Da du ja nun eine reiche Partie gemacht hast, kannst du ja jetzt deine Schulden begleichen!«

Mir fallen die 14 000 Mark, umgerechnet 7000 Euro, von der Autofinanzierung ein. Ich bereue in diesem Moment bitterlich, ihr Angebot angenommen zu haben. Ich bin wütend auf mich selbst.

Die ehemalige Frau meines Vaters taucht immer dann auf, wenn es in meinem Leben gerade gut läuft, so als spüre sie instinktiv, wann der Zeitpunkt gekommen ist, neues Unglück heraufzubeschwören. So wie sie meiner Schwestermutter die Kindheit und Jugend genommen und ihr das Leben unendlich schwer gemacht hat. So wie sie in ihrer Eifersucht auf all ihre Töchter in deren Ehen intrigierte und auch deren Glück zu zerstören versuchte.

Dieses Mal, so nehme ich mir vor, werde ich kämpfen.

Vielleicht ... ja, vielleicht stelle ich mir vor, sie sei lediglich eine Giftkröte, und in Gedanken ergreife ich vor Wut, so wie sie es immer mit echten Kröten vor meinen Augen tat, eine schwere Steinfliese, halte sie über sie und lasse die Fliese einfach fallen. Kröte. Kindheitserinnerungen.

Die Heirat mit Charly, das Hineinwachsen in seine angesehene Familie, ihr unvorstellbares Vermögen empfinde ich wie ein Märchen, aus dem ich nicht mehr aufwachen möchte.

Erstmals erlebe ich Reichtum, den man nicht erarbeiten, aber erhalten muss, und Reichtum, den man vervielfältigen kann. Ich habe Angst vor Menschen, die es nicht gut mit mir meinen, darauf lauern könnten, mir einen Giftkelch zu reichen.

Seine Brüder, meine Schwägerin, seine Mutter, seine ganze Familie und Verwandtschaft sind sehr angesehen und alle sehr nett zu mir. So viel Bedingungslosigkeit und Glück machen mich misstrauisch. Ich bin es nicht gewöhnt, dass Menschen ohne schlechte Absicht oder eigene Interessen aufmerksam, höflich, großzügig und stilvoll sind.

Geld spielt keine Rolle. Man hat es. Wie andere es eben

nicht haben. Diese Menschen werden vielleicht niemals nachvollziehen können, worum es in meinem Leben und in meiner Geschichte geht.

An meinem Hochzeitstag trage ich ein cremeweißes großzügig geschnittenes, weich fallendes Angora-Kaschmir-Oberteil und einen ebenso weich und weit fallenden wadenlangen Rock. Dazu rote Pumps mit etwas höherem Absatz und eine zu der Farbe der Schuhe passende Tasche. Mein Brautstrauß besteht aus tiefroten Rosen, weißen Freesien und Schleierkraut. Meine Schwiegermutter schenkt mir ein schmales weißgoldenes Kreuz, wie ich es mir wünschte.

Charly und ich tauschen die beim Juwelier in Bad Kreuznach ausgesuchten sehr edlen weißgoldenen Eheringe, die mit Diamanten besetzt sind. Dann schenkt Charly mir noch einen passenden teuren Vorsteckring mit einem Diamanten.

Nach der standesamtlichen Trauung im Wiesbadener Rathaus feiern wir im Kreis der Familie im »Schlossrestaurant« am Wiesbadener Schlosspark.

Ab jetzt werden mir alle meine Wünsche von den Augen abgelesen und erfüllt. Wenn ich irgendein schönes Stück in einem Schaufenster sehe oder mir zu einem bestimmten Gegenstand ein »Oh, wie schön!« entfährt, geht meine Schwiegermutter in das Geschäft und kauft es. Noch bevor ich mich bedanke, habe ich schon ein nächstes und neues Geschenk.

Außerdem bürgt Charly bei meiner Bank, damit ich mit meinem überzogenen Konto problemlos umziehen kann und die neue Bank sofort einen Kredit einräumt.

Mein Mann und meine Schwiegermutter verwöhnen mich, alle Menschen um mich herum scheinen nichts schöner zu finden, als mich mit schönen Dingen, edlem Briefpapier, Büchern und Kleidungsstücken zu verwöhnen. Wertvolle Geschenke, Porzellan und Luxusgüter, Parfüme und Schmuck gehören plötzlich zu meinem neuen Leben, schmücken meine Räume und Regale.

Ich kann es nicht fassen.

So viel Gutmütigkeit und Warmherzigkeit erschlägt mich beinahe.

Bislang sind Mütter in meinem Gehirn giftige Kröten, vor denen ich mich in Acht nehmen muss, weil sie mir nach dem Leben trachten. Bisher wollte ich sie mir tunlichst vom Leibe und aus dem Hause halten, da sie Unglück bringen und die Ehen und Leben ihrer Kinder vergiften.

Nach der ersten Freude machen mich die Anhäufungen all der Aufmerksamkeiten misstrauisch. Charly und ich haben so schnell geheiratet, ich kann all die Wunder kaum verkraften, muss all dies schließlich verarbeiten. Vielleicht hätte eine Hochzeitsreise für ein wenig Abstand gesorgt. Doch dafür ist keine Zeit. Ich habe ein paar Tage Urlaub, um heiraten zu können, aber da ich gerade eine neue Stelle angenommen habe, kann ich keinen längeren Urlaub nehmen.

Da Wiesbaden aber eine sehr schöne Stadt ist und als Kurstadt viel Charme und Flair zu bieten hat, fehlt es mir an nichts.

Es ist selbstverständlich, dass wir Weihnachten in Wiesbaden in seinem Elternhaus verbringen und im Kreis seiner Familie feiern. Da es an großen und großzügigen Räumen nicht fehlt, beziehen Charly und ich die Schlafräume im oberen Stockwerk, und Heiligabend treffen sich mindestens fünfzehn Familienangehörige – Brüder, Kinder, Enkel, Neffen und Angeheiratete – zu einem exquisiten Essen und einer mehr als üppigen Bescherung. Beladen mit neuen Geschenken reisen wir wieder ab.

Mein neues Leben spielt sich in hellen, großen Räumen voll einzigartiger Atmosphäre ab, ich speise an langen Tafeln erlesene Speisen. Charly entpuppt sich als geselliger Mann und als Familienmensch, der Traditionen und Rituale liebt. Jahr für Jahr verbringen wir Feiertage wie Ostern und Weihnachten in der Jugendstilvilla seiner Eltern oder dem Marmorhaus seines Bruders, in dem wir uns ebenfalls sehr wohl fühlen. Jahr für Jahr werde ich mit immer größeren und teureren Geschenken überschüttet.

Doch noch immer irritiert mich das alles. Es erzeugt einen bisher ungekannten Schmerz in mir. Mir wird vor Augen geführt, worum meine Schwestermutter und ich betrogen wurden. Es tut mir weh, dass sie nicht bei mir sein kann.

Ich habe zudem die Erfahrung gemacht, dass mir das Leben nichts schenkt, ohne die Rechnung nachzureichen. Dass ich für alles, was ich annehme, einen Preis zahle.

Mich plagen Misstrauen und Zweifel. Ich traue dem Schicksal nicht.

# KAPITEL 13

Beim morgendlichen Blick in den Spiegel schaut mir ein junges sechsundzwanzigjähriges Gesicht mit großen blauen Augen entgegen – trotz aller Jugendlichkeit erkenne ich auch meine reife und leidgeprüfte Seele.

Während ich teure Tagescreme in meine Gesichtshaut einmassiere und meine Wimpern tusche, muss ich daran denken, dass ich nun diejenige bin, die ein Geheimnis mit sich herumträgt, das unter allen Umständen zu wahren ist.

Ich habe die Seite gewechselt.

Charly ist in die Geschichte meiner Abstammung und Entstehung eingeweiht, seine Familie nicht.

Wird mir die neue Verwandtschaft ihre Sympathie entziehen, wenn sie erfährt, dass ich ein Inzestkind bin?

Wird meine Welt wieder kalt und einsam werden, wie ich es aus meiner Kindheit kenne?

Ich habe Angst, mein Glück könnte an der Wahrheit zerbrechen. Gleichzeitig bedrückt mich diese Geheimniskrämerei. Ich habe immer nur Klarheit gewollt, und genau diese Klarheit würde jetzt vielleicht alles zerstören, was mir so viel wert ist in meinem neuen Leben. Bei jedem Familientreffen muss ich aufpassen, was ich den Verwandten erzähle. Wo habe ich mit meinen Berichten auf die Fragen nach meinen Eltern aufgehört?

Vergessene Bilder meiner Kindheit erwachen und erhalten eine neue Bedeutung und Dimension. Plötzlich gehört meine Herkunftsfamilie in ein *Verbrecheralbum* und nicht in ein *Familienalbum,* die Bilder wollen mit diesem neuen Leben nicht harmonieren. Sollte tatsächlich alles Schöne der Realität und alles Üble der Vergangenheit angehören?

Doch ich kann die üblen Erinnerungen nicht einfach ad acta legen. Ich kann nicht ohne Prüfung entscheiden, welches Bild in welches Album gehört.

Mein Leben hat mich gelehrt, nur das allein Erarbeitete, das, was ich aus mir heraus selbstverantwortlich entwickele, hat Bestand.

Ich übe das systematische Träumen. Trainiere, Vorstellungen von schönen Dingen und Szenen detailliert auszumalen und weiterzuentwickeln.

Abends gehe ich mit Aufgaben und Fragen an meine Träume zu Bett und bin gespannt darauf, was mir der Schlaf als Lösung rät.

Auf gar keinen Fall möchte ich als Zaungast im Kreise reicher Verwandter die Krumen aufheben müssen, die gewollt oder zufällig hinunterfallen. Schließlich habe ich selbst einen guten Beruf und einige Fähigkeiten vorzuweisen, mit denen ich Geld verdiene und mir eigene Wünsche erfüllen kann.

Meine Schwiegermutter bietet uns an, nach Wiesbaden zu ziehen, wo Charlys ganze Familie lebt. Sie würde uns ein Grundstück kaufen, damit wir in der unmittelbaren Nähe bauen könnten.

Sie bietet es uns am Frühstückstisch an, aber es löst nicht etwa einen Freudenschrei aus, sondern lässt mir das Blut in meinen Adern gefrieren.

Der Gedanke, inmitten des Familienverbandes ein Geheimnis hüten zu müssen, und dies auch noch in allernächster Nähe, lässt mich erstarren, verursacht Albträume. Ich will mir gar nicht ausmalen, was passieren würde, wenn beim alltäglichen Umgang mit den anderen meine Geschichte gelüftet und bekannt würde. Die Welt ist zu klein für Überlebende sexueller Gewalt. Deutschland ein Kinderschänderparadies? Dieser Gedanke ist unerwünscht.

Wir lehnen dankend ab. Wir haben in Stuttgart unsere Arbeit, unsere Kontakte. Charly ist Betriebswirt in einem Automobilkonzern, ich habe meine Festanstellung bei einem Stuttgarter Wochenblatt und schreibe für ein interessantes Ressort.

Ich kenne Charlys Verwandtschaft gut, aber nicht gut genug, um das Vertrauen in sie zu setzen, sie so nah ertragen zu können. Sie ahnen nicht mal etwas von meiner Vergangenheit.

Charly und ich bleiben also in Stuttgart und gehen dort unseren Berufen nach. Meine Arbeit macht mir großen Spaß, und der Erfolg hält an.

Unerwartet meldet sich eines Tages mein Exmann Kurt. Er sei nicht mehr in seinem Beruf als Pharmareferent tätig, weil er diesen wegen seines Studiums aufgegeben habe, wodurch er jetzt so knapp bei Kasse sei, dass er mich um Unterhalt für sich und Nadine bitte.

Charly vermittelt mir eine gute Anwältin. Wir finden heraus, dass Kurt sich oft die ganze Woche nicht in der Universität blicken lässt.

Meine Anwältin teilt ihm mit, dass es mit seinem Studium nicht weit her sein könne, da er diesbezüglich kaum das Haus verlasse, um Vorlesungen zu besuchen.

Der Richter führt in der folgenden Gerichtsverhandlung aus, dass man, wenn man bereits Familie hat, Absichten und

Lebenspläne *vorher* in ihrer finanziellen und praktischen Durchführbarkeit abzusichern und daraufhin zu überdenken habe. Den Beruf niederzulegen, um sich als Student einzuschreiben und dann von der Exfrau Unterhalt zu fordern, das ist nicht drin – Antrag abgelehnt! Er kann schließlich auch sein Haus verkaufen oder einen Kredit aufnehmen.

Kurt argumentiert, seine Unterstützung aus dem Bafög reiche zum Unterhalt unserer gemeinsamen Tochter Nadine nicht aus. Plötzlich bin ich ihre Mutter, sonst ausgegrenzt und ungeliebt, aber jetzt gut genug, um ihm Geld für Nadine zu zahlen.

Jetzt greifen noch einmal die Mechanismen unserer Scheidung und dass ich darauf bestanden habe, ausschließlich des Notbedarfs von Kurt geschieden worden zu sein. Selbst im Falle plötzlicher Armut könnten wir nicht aufeinander zurückgreifen. Für das Kind habe ich Kurt in Form meines Anteils am Haus bereits einen Betrag gelassen, der das Nötige weit übersteigt. Wenn er sich das Studium nicht leisten kann, muss er es eben an den Nagel hängen und wieder arbeiten gehen. Meine Konsequenz bei der Scheidung ist jetzt meine Rettung.

Nicht nur meine Heirat ist ein großer Einschnitt in meinem Leben, sondern auch die allmähliche Veränderung meines Denkens und Fühlens.

Aus Demütigungen, Diskriminierungen, Entrechtung und Reduzierung meiner Person sind Aggressionen und Wut entstanden, die aber auch positive Energien freisetzen!

Aus Wut entsteht Entschlossenheit und Mut: Ab jetzt gewinne *ich* die Prozesse!

Mein Mann hilft mir, indem er die besten Anwälte vermittelt und die Kosten übernimmt. Er bittet seine Mutter um Hilfe, als sein Gehalt nicht reicht, um all dies zu finanzieren.

Mit meiner Heirat habe ich eine angesehene Familie bekommen. Die Zeiten, in denen ich »die Frau aus schlechten Verhältnissen« war, sind vorbei. Jetzt bin ich eine Frau, von der man zwar nicht genau weiß, wer sie ist und woher sie kommt, aber woher auch immer sie stammt, sie hat in gute Kreise eingeheiratet.

Mein neues Glück ist eine Perle. Sie zu hüten und zu schützen ist mein ganzes Bestreben. Wie in einer Schatulle bewahre ich es geschützt. Nie unnötig darüber reden, wenn ich glücklich bin, und dies möglichst selten zeigen! Nie damit angeben, um ja keinen Neid zu erwecken.

Wenn mein Mann und ich in seiner Limousine Nadine zum Besuchswochenende aus Ransbach-Baumbach nach Wiesbaden oder Stuttgart abholen, wackeln auf dem kleinen Jägerpfad am Erlenhofsee, meinem früheren Wohnsitz, die Gardinen der Nachbarn. Sie gaffen und staunen, was aus mir geworden ist. Wollte ich mir nicht mal das Leben nehmen?

Meine Schwester Regina ruft mich an und berichtet, ihre Mutter, die ehemalige Frau meines Vaters, ist an Krebs erkrankt und liegt im Krankenhaus. Sie bittet mich, sie nach Münster zu begleiten.

Wir fahren mit dem Zug, nehmen direkt vom Bahnhof aus ein Taxi in die Klinik.

Als wir am Krankenbett sitzen, fragt die Exfrau meines Vaters mich: »Was hat uns eigentlich auseinander gebracht?«

Ich frage mich: *Was hat sie eigentlich aus ihrem Leben gelernt? Aus ihrem persönlichen Unglück?*

Es gäbe viel zu sagen, aber ich bin müde und habe keine Kraft zu diskutieren.

Wir fahren wieder zurück nach Stuttgart.

Charly und ich erwarten im zweiten Ehejahr unser erstes Kind und überlegen, ob wir ein Haus bauen sollen. Ein Bauplatz in einigermaßen akzeptabler und schöner Lage kostet fast eine Million, ein einigermaßen komfortables Haus mit Garten mindestens eine Dreiviertelmillion. Einerseits verdienen wir gut und wollen unser Geld anlegen, um später im Alter etwas davon zu haben. Andererseits haben wir vereinbart, dass ich nach der Geburt unseres Kindes einige Jahre meinen Beruf ruhen lassen werde, um es zu erziehen. Mein Gehalt wird also wegfallen.

Den Kontakt zu meiner Tochter Nadine halte ich mit allen Mitteln aufrecht. An jedem zweiten Freitag mache ich früh Feierabend und fahre in den Westerwald, um sie pünktlich um achtzehn Uhr abholen zu können. Wir sind dann gegen einundzwanzig Uhr wieder in Stuttgart. Sonntags bringe ich sie wieder zurück.

Es dauert nicht lange, da giftet Kurt gegen diese Regelung und will mich gerichtlich zwingen, das Besuchswochenende auf den Westerwälder Raum zu begrenzen. Er kann es nicht ertragen, dass Nadine an meiner Seite schöne Städte wie Wiesbaden und Stuttgart erlebt, in der Familie meines Mannes willkommen ist und ebenfalls mit schönen Geschenken verwöhnt wird. Er verlangt, sie möge die Geschenke bei mir lassen. Sie soll zwischen den Besuchswochenenden nichts haben, was sie an ihre Mutter erinnert.

Er kommt mit seiner Klage nicht durch. Soll ich mit Nadine stundenlang in einer Kneipe hocken?

Meine Schwiegermutter bietet an, wir können die Besuchswochenenden im Elternhaus in Wiesbaden verbringen, damit wir dem Kind die stundenlangen Autofahrten ersparen. Von Wiesbaden ist es nur eine Stunde in den Westerwald. Charly und ich sind mit erstem Wohnsitz bei meiner Schwiegermutter in der Jugendstilvilla gemeldet.

Für mich ist dies ein Kompromiss, eine Lösung des Problems ist dies aber nicht. Ich habe Angst um mein Kind.

Meine Schwiegermutter stellt immer ein schönes Wochenendprogramm zusammen. Meistens unternehmen wir alle gemeinsam etwas. Sie versteht den Ärger um die Besuchswochenenden nicht. Diese ganzen Querelen kann sie nicht nachvollziehen. In ihrer Familie gibt es seit Generationen keine Trennungen, keine Scheidungen und also keine Sorgerechtsquerelen.

Ob sie sich fragt, warum meine Tochter nicht bei mir lebt? Wir sprechen nicht darüber. Ich fühle mich unwohl, weil ich immer aufpassen muss, nicht mehr als nötig zu verraten.

Ich konzentriere mich ganz auf meine Arbeit und meine Schwangerschaft. Nadine kommt zunächst weiterhin alle vierzehn Tage zu Besuch, doch dann zieht Kurt aus beruflichen Gründen mit seiner Familie nach Hamburg. Dies erschwert mir den regelmäßigen Kontakt zu meiner Tochter erheblich.

Einige Wochen vor der Entbindung von meinem und Charlys erstem Kind höre ich auf zu arbeiten und trete meinen Erziehungsurlaub an.

In diesen Wochen, während ich auf die Geburt unseres Babys warte, beschließe ich, meine Schreibpause zu beenden, und nehme die Arbeit an meinem mit neunzehn Jahren begonnenen Roman wieder auf. Doch um schreiben zu können, muss ich erst mehr von der Geschichte meiner Entstehung kennen.

Ich bitte die Staatsanwaltschaft Essen, die den letzten Inzestprozess gegen meinen Vater führte, schriftlich um Einsicht in die Akten.

In einem Antwortschreiben teilt man mir mit, mein persönliches Interesse an den Unterlagen genüge nicht für eine solche Erlaubnis, zudem der Vater und Täter noch lebe und wie jeder Bürger Personenschutz genieße.

Ich versuche, das Buch trotzdem weiterzuschreiben, komme aber nicht wirklich voran. Was kann oder will ich erzählen, wenn ich die Geschichte, die Wahrheit gar nicht kenne?

Alles, was ich konstruiere, klingt wie ein naiver Lore-Roman um eine große Vater-Tochter-Liebe, für die diese Gesellschaft keine Toleranz aufbringt. Mein Vater avanciert ungewollt zu einem Helden der Zeitgeschichte. Die Verlage lehnen das Manuskript ab, und so landet es in einer Schublade.

Doch Charly kopiert das Manuskript und verbreitet es in seinen Kreisen in der Hoffnung, auf diesem Wege einen Verlag zu finden.

Der Geburtstermin rückt nun immer näher. Ginge es nach meiner Schwiegermutter, würden alle ihre Enkel wie ihre Kinder in Wiesbaden, der Kur- und Kaiserstadt, geboren und von ihr vom ersten Tag an verwöhnt werden. Ich lehne ihre gut gemeinten Angebote dankend ab.

An einem frühen Julimorgen im Jahr 1985 ist es dann so weit: Lussy, eine mit uns befreundete Hebamme, holt mich ab. Sie entbindet mich im Beisein meines Mannes im Charlottenhaus Stuttgart.

Ein Sohn!

Überglücklich begrüße ich ihn in seinem *und* unserem Leben und schließe ihn in meine Arme. Ich werde ganz für ihn da sein.

Meine Schwiegermutter mischt sich von nun an in alles ein. Sie meint es gut, aber mich strengen ihre Vorschläge an. Entgegen der Tradition ihrer Familie nennen wir unseren ersten Sohn nicht »Karl« oder »Heinrich«, sondern »Matthias«, Geschenk Gottes, – basta.

Noch immer lässt meine Schwiegermutter nicht locker. Sie akzeptiert nicht, dass ihre Wünsche nicht ausschlaggebend sind, sondern einzig Charly und ich gemeinsam die Entscheidungen treffen, die unsere junge Familie betreffen. Ich gebe die Diskussionen mit ihr irgendwann auf, da es nicht hilft, und ignoriere ihre Bemerkungen, so gut es geht.

Ich bin froh, dass wir nicht in Wiesbaden leben, sondern weit genug weg, sodass ich mich immer wieder abgrenzen kann. Charly und ich nennen unseren Sohn schließlich »Matthias Karl Heinrich«, ein angemessener und bedeutungsvoller Name, mit dem wir auch die Wünsche von Charlys Mutter berücksichtigt haben.

Die Taufe findet in Wiesbaden statt. Schließlich feiern wir auch sonst alle Familienfeste dort, und das Ambiente und die Geräumigkeit der Villa kommt auch den anreisenden Gästen zugute.

Hanne aus Ransbach-Baumbach wird Taufpatin. Sie kommt mit Dietmar zur Taufe. Wir haben die Tauffeier auf ein Wochenende gelegt, an dem Nadine bei uns ist, damit sie auch bei diesem Fest dabei sein kann.

Unser Sohn wird vom ersten Tag seines Lebens an mit Zuwendung und liebevollen Geschenken verwöhnt. Meine Schwiegermutter würde am liebsten nach Stuttgart ziehen, um sein Aufwachsen in jedem Moment mitzuerleben. Sie bombardiert mich mit veralteten Erziehungsratschlägen. Es ist nicht leicht, sich damit zu arrangieren.

Die Krebserkrankung der Exfrau meines Vaters zieht sich mittlerweile schon seit Jahren hin. Ich bin gerade zum zweiten Mal von Charly schwanger, als Regina und ich überlegen, sie noch einmal im Krankenhaus zu besuchen.

Doch zwei Tage bevor wir unseren Plan in die Tat umsetzen können, ruft Angelina aus Münster an. »Ihr könnt euch die Reise sparen, Mutti ist letzte Nacht gestorben!«

Die Todesnachricht berührt mich wenig. Gefasst nehme ich die Tatsache ihres Todes zur Kenntnis. Für mich ist lediglich die Exfrau meines Vaters gestorben. Für die Frau, die ich für meine Mutter gehalten habe und die meine Schwestermutter auf dem Gewissen hat, sie geopfert und verraten hat, empfinde ich kein Mitgefühl. Für mich ist eine Frau gestorben, deren Gefühllosigkeit und Kälte viele gute Eigenschaften zunichte gemacht haben. Alles andere hieße, die Dinge zu beschönigen.

Ihre Disziplin, ihr Fleiß und ihr Überlebenskampf können nicht über das eigentliche Versagen hinwegtäuschen.

In Deutschland brauchen Menschen nur zu sterben, und selbst aus Verbrechern und ihren Handlangern werden Helden und Heilige, aus Monstern Märtyrer.

Dieselben Leute, die sich ihrer zu Lebzeiten nachweislich schämten und nichts mit ihr zu tun haben wollten, verwandeln sich plötzlich in mitfühlende und lobende Mitmenschen und heucheln mit Hinweis auf ihren Fleiß Anteilnahme und Nächstenliebe.

Charly und ich fahren zur Beerdigung nach Ostbevern. Nach Jahren betrete ich erstmals wieder mein Vaterhaus und treffe auch Marina. Beklemmung, Fremdheit und zugleich Vertrautheit bestimmen die Atmosphäre. Diese gespannte Stimmung ist nicht auf einen Nenner zu bringen. Marina ist zur Trauerfeier gekommen – nicht, um mich wiederzusehen. Wir beerdigen die Exfrau meines Vaters auf dem Dorffriedhof.

Ihr letzter Wille besagt: Jede Tochter soll sich nehmen, was sie ihr, der Mutter, zu Lebzeiten an Geschenken gegeben hat. Ich, Ulrike, die von ihr ja nicht adoptiert worden ist, sondern den Status eines Pflegekindes innehatte, bin ihr gegenüber nicht erbberechtigt und soll die zu Lebzeiten erhaltenen 14 000 Mark bis zu einem bestimmten Datum zurückerstatten.

Ich bin schockiert.

Von meinem Mutterschutzgeld wird mir dies nicht möglich sein, die Anwaltskosten um den Rechtsstreit wegen Nadines Besuchswochenenden und das Sorgerechtsverfahren haben meine Ersparnisse und auch die von Charly verschlungen, wir können nicht schon wieder Kredite aufnehmen oder von seiner Familie Geld leihen.

Marina regt sich auf. »Wir sind alle den gleichen Weg gegangen. Wieso soll Ulrike jetzt nicht erben?«

»Aber wir mussten arbeiten und zum Familienunterhalt beitragen«, sagen die anderen. Und dann an Marina gewandt: »Schließlich hast du uns unser Leben versaut mit dieser ganzen Geschichte!«

Ich bin entsetzt.

Ich fühle mich wie im falschen Film. Schluchzend sitze ich auf dem Sofa und habe mich bis zum Abend nicht wieder beruhigt. Wird dieses Drama je ein Ende haben?

Babette schlägt vor, die familiären Zwistigkeiten endlich zu beenden und einen Schlussstrich zu ziehen.

Während der Auseinandersetzung um das Testament der Verstorbenen und um das Erbe des Elternhauses geht auf einmal das Telefon. Babette hebt den Hörer ab. Als sie aufgelegt hat, sagt sie: »Wir hätten uns die Diskussionen um das Haus schon mal sparen können. Es gehört auf Grund eines Formfehlers allein unserem Vater. Er gewährte unserer Mutter seit der Scheidung lediglich Wohnrecht. Er hat bereits einen Käufer gefunden, der den Kaufvertrag auch schon unterschrieben hat. Das Haus zumindest gehört nicht mehr der ganzen Familie.«

Wir sehen uns alle an, als trauten wir unseren Ohren nicht.

Babette macht den Vorschlag, endlich ein gutes familiäres Miteinander zu versuchen. Wir sind alle dafür. Außer Angelina. Sie ist anscheinend gegangen. Es war uns nicht aufgefallen.

Marina eröffnet, dass sie auf das Erbe verzichtet, was wiederum kontroverse Diskussionen auslöst.

»Was heißt hier verzichten? Du hast doch Schulden bei Mutti!«, wird ihr vorgeworfen. Es geht um das Geld, das ihr ihre Mutter in den letzten Jahren zum Aufbau einer Modeboutique geliehen hatte. Darüber aber gibt es keine lückenlosen Aufzeichnungen und Belege. Es fehlt förmlich der Beweis.

Anders verhält sich mein Fall. Über die Autofinanzierungsablösung existieren Unterlagen.

Etwas später frage ich Marina: »Warum verzichtest du? Nach dem, was dir angetan wurde.«

»Genau deswegen will ich von diesen Leuten nichts!«, antwortet sie bestimmt.

Menschlich kann ich das nachvollziehen.

Was haben ihr die Eltern nicht alles genommen. Sie haben ihr ihre Kindheit, ihre Jugend, ihre Unbefangenheit, ihr

Lachen und ihre Lebensqualität genommen. Sie haben ihr mich – das Kind – genommen und mir – dem Kind – die Mutter geraubt. Nie habe ich die Wärme und das Vertrauen einer liebenden Mutter erhalten. Wie auch Marina keinen Schutz, keine Wärme und keine aufrichtige Liebe in ihrem Elternhaus erfahren hat.

Ich frage mich, was ich meinen Kindern weitergeben werde? Selbst wenn ich an sämtlichen Gesprächs- und Selbsthilfegruppen, teuren Kursen und Seminaren teilnehmen würde, Mutter-, Nächsten- und Selbstliebe sind nicht käuflich, sie entspringen der Herzensbildung.

Doch ich zweifle nicht daran, dass ich meinen Kindern die nötige Liebe schenken kann, weil ich sie aus tiefstem Herzen wünschte und neun Monate Zeit hatte und habe, mich auf sie zu freuen und Gefühle entstehen zu lassen. Doch was wäre, könnte ich mich und mein Schicksal nicht annehmen und akzeptieren, mich selbst also nicht einmal lieben, dann würde ich wohl auch andere Menschen nicht ohne weiteres lieben können.

Meine Kinder haben das Glück, dass sie eine Mutter und einen Vater haben, die sich lieben. Sie haben das Glück, vom Augenblick der Zeugung innig erwünscht und willkommen zu sein. Es sind Kinder, die uns anvertraut sind, Kinder gehören einem nicht, man darf nicht mit ihnen machen, was man will.

Meine Kinder haben bessere Voraussetzungen, glückliche Menschen zu werden, schon allein weil sie Wunschkinder sind.

Als Charly und ich uns verabschieden, um Richtung Wiesbaden aufzubrechen, wo unser Sohn Matthias auf unsere Rückkehr wartet, lädt Marina mich und meine Familie ein. »Ihr könnt ja mal vorbeikommen, wenn ihr in Wiesbaden seid. Von dort aus ist es ja nicht weit.« Sie hat nach ihrer Scheidung im gleichen Jahr wie ich wieder geheiratet und lebt nun in Worms.

Auf der Rückfahrt fühle ich mich elend; wieder zu Hause in Stuttgart treten plötzlich Blutungen auf.

Ich muss in die Klinik.

Eine Ultraschalluntersuchung bringt die Gewissheit, dass trotz starker Blutungen mit dem Kind alles in Ordnung ist. Nach einigen Tagen beruhigt sich mein Körper, und ich werde wieder entlassen.

Wir nehmen die Einladungen Marinas an. Immer, wenn wir in Wiesbaden sind, fahren wir sie nun besuchen. Dass sie mir die Aktenordner mit den ganzen Briefen meines Vaters und dem Schriftwechsel des Jugendamtes über meine Flucht aus Berlin zeigt, erlebe ich nicht negativ, sondern erleichternd. Ich bin froh, dass diese zwischen uns stehenden Dinge endlich zur Sprache kommen.

Ob wir die dadurch entstandenen Verletzungen allerdings ausräumen können, ist unwahrscheinlich. Ihre erste Ehe mit Andreas ist inzwischen zwar geschieden, sodass dieser Mann unserer Beziehung nicht mehr im Wege steht. Ihr zweiter Mann verhält sich zum Glück völlig anders.

Mario, mein griechischer Halbbruder, kommt nie, wenn er weiß, dass ich mit meiner Familie bei meiner Schwestermutter bin. Er meidet die Begegnung. Wir gehen uns aus dem Weg. Zwischen uns steht eine unüberwindbare Mauer der Kälte, wir wissen nicht, wie wir sie einreißen oder überwinden können. Irgendetwas stimmt nicht. Auch das Verhältnis zwischen Marina und mir stimmt irgendwie nicht. Ihr Sohn, mein Halbbruder, steht ihr naturgemäß näher, er ist bei ihr aufgewachsen. Wie aber sieht sie mich? Was empfindet sie für mich?

Immer wieder betont sie, wie sehr ich sie an meinen Vater erinnere, und während ich Marina nun als Erwachsene und als Frau, die selbst Mutter ist, zu ergründen versuche, erkenne ich, was jahrelanger sexueller Missbrauch wirklich anrichtet.

Der Täter, noch dazu Vater, nimmt Besitz von dem Körper, von Kopf und Seele. Er übt Macht über das Opfer aus, manipuliert die kindliche Seele, versetzt das Kind in Angst, vermittelt ihm Schuld und beeinflusst seine Gefühle.

In der Galerie meiner Mutter gibt es ein Kunstwerk. Es heißt: »Mein gefangenes Ich«. Es ist ein Käfig, in dem sich ein federähnliches weißes Knäuel befindet, als Symbol der Seele.

Wie einem Vogel, dem man die Flügel stutzt und die Beine bricht, so ergeht es wohl der Seele eines Kindes, das sexuell missbraucht wird. Auch wenn dieses Geschehen lange vorbei ist, kann die Seele nicht einfach die Flügel ausbreiten und davonfliegen. Sie trägt Trauer, die so schwer wiegt, dass nicht mal die Neugier auf das Schöne im Leben eine Chance erhält.

Emotional bleibt eine unüberwindbare Distanz und Fremdheit zwischen meiner Schwestermutter und mir spürbar.

Als ich ein Foto von Marina betrachte, nehme ich ihren unnahbaren Blick war. Doch etwas anderes fällt mir noch auf. Irgendetwas stimmt nicht an diesem Bild. Erst nach längerem Betrachten fällt mir ein, dass sich Marina ihre Nase, die wir beide vom Vater geerbt haben, operieren ließ. Die vererbte knubbelige Form ist einer geraden gewichen.

Es hat nie eine wahre Mutter-Tochter-Beziehung zwischen uns gegeben. Sie ist zerstört worden, noch bevor es mich gab, und sie wird niemals gekittet werden können.

Vielleicht schaffen wir es mit Solidarität, wie Schwestern, eine *andere* Beziehung zu leben.

# KAPITEL 14

Ich will, dass sich Vati für das entschuldigt, was er uns angetan hat«, sage ich an einem Sommerabend 1987 bei einem Besuch zu meiner Schwestermutter. Ich bin inzwischen im siebten Monat, und vielleicht ist es der Einfluss der Schwangerschaft, die Freude auf mein zweites Baby, die mich dazu bewegt, meine Kindheit weiter aufarbeiten zu wollen. Es liegt mir schon lange auf der Seele, meinen Vater mit seinen Taten und den Folgen zu konfrontieren. Ob Marina mitzieht?

Sie denkt einen Moment darüber nach und stimmt zu. Wir beschließen, gemeinsam nach Österreich zu fahren, allerdings erst nach der Entbindung.

Ein Vierteljahr nach dem Tod seiner Exfrau hat mein Vater seine langjährige Lebensgefährtin Claire geheiratet – wir waren nicht eingeladen. Sie haben uns über ihre Vermählung und die Flitterwochen auf Mallorca schriftlich in Kenntnis gesetzt. Auch ich habe ohne meine Familie geheiratet, dennoch verletzt es mich.

Ich gehe davon aus, dass ihm die Gefahr zu groß gewesen ist, dass durch unsere Anwesenheit bei den Feierlichkeiten die Rede auf seine Vergangenheit kommen könnte.

Ich erfahre durch Angelina, dass mein Vater die in seinem Besitz befindlichen Aktenordner mit Abschriften und Kopien der beiden Inzestprozesse verbrannt hat, damit diese, wie er es ausdrückt, »keine weiteren Schäden oder Verwirrungen« anrichten. Schließlich hat er seiner Frau Claire seine Gefängnisstrafen verschwiegen.

Dass im Elternhaus in Ostbevern von genau diesen Prozessunterlagen noch Abschriften und Kopien in einem weiteren Aktenordner gestanden haben, in denen sich auch der Schriftwechsel zwischen Vater und seiner Frau und den Anwälten befindet, ahnt er nicht.

Dass diese auf Umwegen bei mir gelandet sind, weil sie niemandem helfen, aber jeder davon ausging, dass sie mich interessieren, ist ihm auch nicht bekannt.

Mein Vater hat das Elternhaus in Ostbevern verkauft und den Erlös in das für sich und Claire erworbene Eigentum auf Mallorca investiert.

Meine Schwestermutter und ich warten gespannt auf das Ende seiner Flitterwochen. Wie wird er reagieren, wenn wir ihm gegenüberstehen und ihn zur Rede stellen? Wird er sich aus der Schuld herauswinden wollen, wird er alles herunterspielen? Aber wie sollte er, wenn ich – der lebende Beweis seines Verbrechens – ihm in die Augen schaue?

Doch plötzlich geht es mir überhaupt nicht gut. Ich fühle mich, als hätte ich eine Sommergrippe. Der Arzt stellt auf Grund meiner Blutwerte eine Gelbsucht fest, und zwar die der schlimmeren Art, die sowohl meinem ungeborenen Kind als auch mir gefährlich werden kann.

Die Sorge um mein Baby lässt alte Erinnerungen an den Verlust meines ersten Kindes aufleben und löst Panik aus.

Nicht auszudenken, wenn dem Ungeborenen etwas passieren würde. Mich quälen alte Ängste und Fantasien.

Ich kann mich nur noch auf die bevorstehende Geburt konzentrieren, das Treffen mit unserem Vater müssen Marina und ich verschieben.

Während der Entbindung meines Kindes stellt die Hebamme fest, dass ich offensichtlich ursprünglich Zwillinge erwartet habe. Die Hebamme entdeckt vor der Geburt eine zweite leere Fruchtblase, die dem gewachsenen Kind Atemwege und Geburtskanal zu versperren droht und sofort entfernt werden muss. Das tut nicht weh, ist aber der Beweis, dass mit der starken Blutung nach der Beerdigung der Exfrau meines Vaters einer der zweieiigen Zwillinge abgegangen sein muss.

Bei der Entbindung reißt der Mutterkuchen, ich verliere so viel Blut, dass ich Transfusionen bekommen muss. Es stellt sich heraus, dass ich eine ungewöhnliche Blutgruppe habe, für die Blutersatz zu beschaffen schwierig ist. Auch eine Auswirkung des Inzests?

Drei Tage dauert es, bis ein geeigneter Spender gefunden wird. Mein Zustand ist zum Glück nicht lebensbedrohlich, sodass ich warten kann. Doch ohne die Bluttransfusionen komme ich nicht auf die Beine vor Müdigkeit und Schlappheit.

Wir sind überaus erleichtert und glücklich, als unsere Tochter Marion Alexandra kerngesund geboren wird. Sie wird sofort gegen Gelbsucht geimpft.

Ich bleibe länger als üblich in der Klinik. Erst drei Wochen nach der Geburt komme ich mit der Kleinen nach Hause.

Meine Schwiegermutter war die ganze Zeit bei unserem Sohn Matthias. In ihrer grenzenlosen Freude über die Geburt eines Mädchens schmiedet sie schon wieder Pläne. Sie selbst hat drei Söhne. Da in der Familie seit Generationen nur Jungen geboren wurden, versetzt die Geburt unserer Tochter sie in einen Freudentaumel und den ersten Mädchenkleider-Kaufrausch.

Sie versucht sich auch im Haushalt nützlich zu machen,

doch auf Grund des gewohnten Lebens mit Dienstboten und Hausangestellten liegt ihr diese Arbeit nicht. Sie nutzt jede Minute, sich Gedanken um unser Familienleben zu machen, und kommt auf immer neue glorreiche Ideen. Kurz nach meiner Rückkehr aus dem Krankenhaus meint sie, es wäre an der Zeit, endlich mal ein Familientreffen mit der nichtehelichen Tochter meines Mannes zu arrangieren und sie in die neue Familie ihres Sohnes zu integrieren.

Grundsätzlich ist dagegen nichts einzuwenden. Aber der Zeitpunkt ist denkbar ungünstig. Auf die Idee, dass ich nach solch einem körperlichen und psychischen Stress – wegen der Ärgernisse und Aufregungen seit der Beerdigung der Exfrau meines Vaters und wegen der erschöpfenden Entbindung – Ruhe brauche, darauf kommt sie nicht. Wieder überhäuft sie mich mit Vorschlägen für Lebensentwürfe, die sie sich, wenn auch nur wohlmeinend, für uns ausgedacht hat. Ihre Fürsorge hat wesentlich egoistische Anteile.

Ich ignoriere ihre Ansinnen. Ich brauche Zeit und möchte mit meiner kleinen Familie erst mal allein sein. Ich bin froh, als sie sich endlich in ihr Haus zurückzieht und bei uns Ruhe einkehrt.

Einerseits mag ich sie und möchte sie nicht verletzen, aber ich möchte auch selbst nicht verletzt werden, indem man mich übergeht oder hintergeht oder hinter meinem Rücken etwas inszeniert, was ich dann als wohlmeinende Güte hinzunehmen habe.

Um aber die eigenen Ängste, Befürchtungen, Gedanken und Gefühle selbstreflektierend zu erhellen, möchte ich das Thema mit einer neutralen Person erörtern und schreibe einen Brief an die Psychologin einer Frauenzeitschrift, deren Antwort mir so aus der Seele spricht, dass ich sie an die

Pinnwand in den Flur unserer Wohnung hänge, wo sie jeder lesen kann:

> »Was immer Ihre Schwiegermutter mit ihren Aktionen bezweckt, sie hat grundsätzlich nur das Recht, für sich selber Entscheidungen herbeizuführen, nicht aber für ihren Sohn oder Sie. Mein Rat: FORDERN Sie Aktionen, fordern Sie alles, was Ihnen dazu einfällt – Sie werden sehen, wie schnell das unerbetene Engagement Ihrer Schwiegermutter aufhören wird!«

Beim nächsten Besuch meiner Schwiegermutter höre ich, wie sie meinem Mann beleidigt zuflüstert: »Über diesen Brief reden wir noch!«

Das Ungleichgewicht des Familiengefüges stört mich zunehmend. Vor allem ärgert es mich, dass ich nichts dagegenzusetzen habe. Wie sehr würde ich mir wünschen, dass ich jetzt eine Mutter hätte, die auch mal durch ihre Anwesenheit und Präsenz Partei ergreift und sich dadurch die Familie meines Mannes nicht immer egoistischer und selbstverständlicher in unserem Leben breit machen würde.

Ich mag diese Familie, erkenne aber immer mehr die Eigendynamik einseitiger Familienpolitik, wenn die Verwandtschaft des Partners sich in Gehirnen und Herzen, Räumen und Träumen einnistet. Wie selbstverständlich bestimmt seine Mutter immer mehr unseren Familienalltag und kommt nicht auf die Idee, dass es noch andere Bedürfnisse, andere Menschen und andere Rituale gibt – wenn es sie denn gäbe! Ich zumindest greife ständig ins Leere!

Ich stehe allein.

Es liegt nicht an meinem Mann, dass ich keine Familie habe und bei Beerdigung oder Geburt, Geburtstag oder

Weihnachten einfach niemand da ist. Ich kann meinem Partner nicht mal einen Vorwurf machen oder andere Regelungen oder Rituale fordern, da er keine Schuld an der Leerstelle trägt.

Hätte ich eine Familie wie er, dann gäbe es ein anderes Gefüge und Gleichgewicht in unserer Partnerschaft. Dann müsste meine Schwiegermutter auch mal zurückstecken und würde nicht immer die erste Geige spielen können. Wären meine Eltern tot oder hätte ich aus irgendwelchen Gründen keine Familienangehörigen oder Verwandten, wäre dies dennoch etwas anderes als meine tatsächliche Situation.

Meine Seele droht an der chronischen Traurigkeit zu ersticken, die mit jedem Familienfest und jedem Familientreffen anschwillt.

Mein Mann tut alles, mir durch Aufmerksamkeiten diese Leere erträglicher zu machen. Doch es hilft nicht.

Meine Trauer wird immer neu gespeist. Denn es will mir nicht gelingen, Normalität und dauerhaft freundschaftlichen Umgang mit meiner Schwestermutter herzustellen. Das Verbrechen, das zwischen uns steht, macht alle Versuche in dieser Hinsicht zunichte.

Nur einmal gelingt es mir, meine Schwestermutter zu mir einzuladen. Sie kommt nach der Geburt unserer Tochter Marion.

Als sie unseren Sohn Matthias sieht, der sie überlegend und nachdenklich betrachtet, sagt sie zu ihm: »Komm zur Oma!« Mir wird bei ihren Worten ganz warm ums Herz. Aber es ist nur ein flüchtiger Moment, und er stellt die Aufgabe einer Klärung. Wie wollen wir uns zukünftig den Kindern präsentieren? Keine Frage, sie ist meine Mutter und meine Schwester. In erster Linie meine Mutter. Doch lebbar ist ein enger Kontakt für sie nicht, Vertrauen, Regelmäßigkeit, Verantwortung, Nähe ...

Unser gemeinsames Vorhaben, unseren Vater zu besuchen, verzögert sich durch die Geburt meiner Tochter noch.

Plötzlich ruft Claire an, die mir mitteilt, dass Vater gestorben ist.

Ich muss bitterlich weinen. Ich trauere. Er war der einzige Mensch, der mir gesagt hat, es sei schön, dass es mich gibt. Für mich ist zu diesem Zeitpunkt noch immer und trotz allem, was er getan hat, mein geliebter Vater gestorben, der Mensch, mit dem ich alles besprechen konnte. Jetzt wird mir bewusst, wie wenig ich von ihm über ihn selbst erfahren habe.

Für eine Aussprache und Konfrontation ist es zu spät.

Warum habe ich mich nur nicht früher entschlossen, ein offenes und schonungsloses Gespräch mit ihm zu führen?

Meine Schwiegermutter, die gerade erst abgereist war, kommt wieder nach Stuttgart und kümmert sich um die beiden Kinder, da ich zur Beerdigung des Vaters nach Österreich reisen will. Ich bin froh, dass sie hilft, wann immer wir sie brauchen, aber besser wäre es vermutlich, ich wäre nicht auf sie angewiesen.

Ich begleite und helfe Claire bei den Beerdigungsformalitäten, bei der Gestaltung der Anzeigen, der Grab- und Sargbestellung und nutze in einem Moment des Alleinseins die letzte Möglichkeit, Fotos von meinem aufgebahrten Vater zu machen.

Charly kommt drei Tage später nach.

Babette möchte sich nicht abermals den Flug von Nigeria nach Deutschland leisten, und Marina wird verständlicherweise nicht zur Beerdigung erscheinen.

Bleiben also Claire, Angelina, Regina und ich. Eine kleine Trauergesellschaft.

Nach den noch ungelösten Spannungen um die Erbschaft der erst kürzlich verstorbenen Mutter gibt es nun zu meinem Entsetzen erneut heftige Streitigkeiten um das Vermögen des Vaters.

Immer haben wir geglaubt, wenn die Eltern erst mal tot sind, wird die Familie wieder ungestört miteinander kommunizieren, aber erst jetzt tritt das ganze Ausmaß der familiären Zerstörung durch den Inzest zu Tage.

Doch zunächst verschlägt es Claire die Sprache, als sie von den beiden Haftstrafen wegen zweimaligen inzestuösen sexuellen Missbrauchs meines Vaters erfährt und dass sie mit einem Kinderschänder verheiratet war.

Dann fühlen wir uns vor den Kopf gestoßen: Mein Vater hat Claire testamentarisch zur Alleinerbin eingesetzt.

Natürlich nimmt sie das Erbe an. Sein Erbe. Unser Erbe. Für das seine Töchter auf dem Feld gestanden und geackert haben.

Es regt und rührt sie nicht, das Erbe eines Kinderschänders anzunehmen, an dem das Blut seiner Töchter klebt. Blutschande.

Die Töchter haben ihre ganze Kindheit und Jugend hindurch für den Vater, für sein Haus und seine Rentenmarken sowie für ihren eigenen Lebensunterhalt auf dem Feld gearbeitet, indem sie das Geld bei ihrer Mutter ablieferten. Jetzt erhalten sie nicht mal zum Ausgleich ihr Erbe. Sie werden wieder betrogen um ihr Recht.

Angelina und Regina reichen Klage gegen das Testament, gegen den letzten Willen des Vaters, ein.

Ich kann und will mich nicht zu ihnen ins gleiche Boot setzen. Erstens ist meine Erb- und Familienkonstellation ganz anders, zweitens hänge ich indirekt an der Aussage und Einstellung meiner Schwestermutter, die ihr Erbe nicht annehmen, nicht antreten, es also auch nicht an mich abgeben will.

Es geht bei all den Erbschaftsauseinandersetzungen der Töchter des Vaters keiner allein ums Geld. Es geht immer auch um den Verlust von Kindheit, Jugend, Ausbildung, Lehre, Karriere, Partnerschaft. Es geht um erlittene Ächtung, Ausgrenzung, Diffamierung, Ehrverlust, Verlust des eigenen Selbstbewusstseins und Stolzes. Jede einzelne Tochter ist von dem Inzest betroffen, auf alle hat er Einfluss genommen. Meine Schwestermutter hatte ohne Einschränkung die schlimmsten Qualen zu leiden. Die anderen und ich haben jeweils unsere Päckchen zu tragen.

Gern hätte ich am 9. Oktober 1987 meinen dreißigsten Geburtstag gefeiert. Doch nun ist mir nicht mehr nach Feiern. Ich bin müde und traurig.

Hätte ich meine eigene kleine Familie nicht, würde ich wohl noch stärkere Zweifel am Sinn des Lebens hegen.

Werde ich denn nie zur Ruhe kommen?

# TEIL 4

## ICH SEHE NICHT WEG, ICH SEHE NACH VORN

## KAPITEL 15

Dreißig Jahre nach dem Inzestprozess werden die Prozessakten seitens der Justiz offiziell vernichtet. Hätte ich jetzt nicht die Ordner mit den Kopien, die keine meiner Schwestern wollte, hätte ich nichts mehr in der Hand.

Ich beginne, diese Akten nacheinander durchzulesen. Es sind ungeheuerliche Briefe dabei.

Schwarz auf weiß lese ich die Schriftstücke der verstorbenen Exfrau meines Vaters, mit denen sie auf perfide Art die Einweisung meiner leiblichen schwangeren Mutter in die Psychiatrie einzuleiten versucht. Fakten und Tatsachen, die keine Entschuldigungen oder Beschönigungen mehr zulassen.

Ich beginne zu erkennen, zu durchschauen und diese Menschen, meinen Vater und seine Frau, zu hassen.

Es ist ungeheuerlich.

Ihm, einem Verbrecher, habe ich meine Entstehung, meine Zeugung und mein Leben zu verdanken. Hätte er nicht die Einwilligung zu meiner Adoption verweigert, wäre ich vielleicht von guten Menschen aufgezogen worden, was mir wie ein Sechser im Lotto erschienen wäre.

Vielleicht hätte ich irgendwann mal erfahren, dass ich adoptiert bin, und Interesse an einer Begegnung oder einem Kennenlernen gehabt. Aber vielleicht hätte mir eine einzige Begegnung mit diesen Leuten gereicht.

Aber ich bin nicht adoptiert worden. Ich habe in meiner

Kindheit vieles erleiden müssen, vieles, was einer Kinderseele nicht gut tut. Unwissend, verängstigt und vor allem unschuldig bin ich von einer Katastrophe in die nächste geraten, bis ich schließlich sogar um das Sorgerecht für meine Tochter erpresst wurde. Der Missbrauch an meiner Mutter wurde ihr wie mir zu einem Stigma. Sich davon zu befreien benötigt enorm viel Kraft und Selbstbewusstsein – doch woher soll ein missbrauchtes Kind, ein vernachlässigtes und ungeliebtes Kind diese Kraft und Selbstliebe nehmen?

Ich will meine Geschichte durchdringen, ich will sie besser verstehen. Ich schreibe an meinem Buch.

Seit der Geburt der beiden Kinder bin ich zu Hause. Ich möchte jedoch ungern den Anschluss an meinen Beruf verpassen. Also absolviere ich ein Fernlehrstudium »Werbetexten«, das ich mit einer Diplomarbeit abschließe, die mir Aufträge von Buchverlagen bringt. Ich kann mich schon bald vor Arbeit nicht retten.

Aus unbestimmten Gründen ist es mir nicht möglich, Werbetexte für Bücher und Videofilme zu schreiben, in denen sexuelle Handlungen im Vordergrund stehen, denen die sinnvolle Einbettung in einen Kontext fehlt. Sexromane, Horrorsexvideos, in denen Tote aus Gräbern auferstehen und miteinander geschlechtlich verkehren, ekeln mich an.

Dann fehlen mir schlichtweg die Worte. Mein Papier ist nicht geduldig.

Beim Anblick der Rezensionsexemplare dreht sich mein Magen um. Der Konflikt ist, dass ich dafür horrende Honorare beziehe, aber keine drei Monate Lust auf eine solche Arbeit habe. Ich kann mir allerdings die Produkte, für die ich Werbetexte schreiben muss, nicht aussuchen. Entweder ich nehme die Betextung eines kompletten Bücherkataloges an oder ich verzichte auf den Auftrag.

Wie ich es auch überlege und durchdenke – es ist mir nicht möglich, meine Gedanken und Gefühle zu verdrängen. Ich spüre deutlich meine Abwehr. Ich will nicht, dass Menschen, schon gar keine Jugendlichen, sich so etwas anschauen und lesen, auch wenn es sich »nur« um Fantasiegeschichten handelt.

Ich weigere mich, Werbung für Gewaltdarstellungen in Bild und Wort, Kannibalismus und Sexismus zu machen, und ich ahne, was dies bedeutet: Ich werde meinen lukrativen Job auf Dauer nicht halten können.

Endlich könnte ich gut verdienen, und jetzt streiken meine Seele, mein Kopf und mein Verstand.

Ein Großteil des Tages ist nach wie vor für meine Beschäftigung mit den Kindern reserviert. Krabbel- und Spielgruppen stehen auf unserem Programm, Spaziergänge mit anderen Müttern.

Manchmal lese ich in Büchern aus der Bibliothek meines Vaters, und ich schreibe an meinem Roman.

Die Besuchswochenenden mit Nadine verbringen wir alle nach wie vor in Wiesbaden im Haus meiner Schwiegereltern, was Kurt, meinem Exmann, überhaupt nicht passt.

Er versucht mit einer erneuten Klage, das Besuchsrecht einstellen zu lassen, indem er behauptet, ich hätte Nadine einer fremden Frau überlassen.

Wir stellen klar, dass es sich nicht um eine fremde Frau, sondern um meine Schwiegermutter handelt, die nicht fremder oder vertrauter ist als seine eigene Mutter oder jede andere Oma.

Ab jetzt gilt er bei allen Anwälten, Gerichten und Behörden zwischen Koblenz, Wiesbaden und Stuttgart als Hasstreiber und Querulant. Der Richter droht erneut, ihm das Sorgerecht zu entziehen, wenn er nicht endlich Ruhe gibt.

Letztlich aber geht es nicht darum, Recht zu bekommen, sondern es geht um ein Kind, das unter dem Vorwand, geliebt zu werden, durch Egoismus und Hass verunsichert wird. Nadine steht sichtlich unter großen Spannungen.

Charly und ich beantragen das Sorgerecht für sie.

Aber am Tag der entscheidenden Verhandlung hat Nadine es sich anders überlegt. Sie sagt, sie wolle lieber in der Umgebung ihrer Freunde wohnen bleiben. Und am liebsten würde sie keinen von uns beiden – weder Kurt noch mich – verlieren ...

Nadine ist nun fast zwölf Jahre alt. Nach unserer Enttäuschung über den Ausgang der Verhandlung entscheiden Charly und ich, dass sie selbst bestimmen soll, wann sie kommen will. Diese reglementierten Besuchswochenenden will ich ihr, mir und meiner Familie nicht länger zumuten.

Danach höre ich nichts mehr von ihr. Meine Briefe an sie bleiben unbeantwortet, Geschenke zum Geburtstag ohne eine Rückmeldung und unkommentiert. Ich kann nur vermuten, wie sie von Kurt manipuliert wird. Ich habe Sehnsucht nach ihr, bin aber zu müde, mit behördlichen Mitteln zu kämpfen.

Unsere beiden Kinder Matthias und Marion trösten mich über den Schmerz ein wenig hinweg. Tagsüber habe ich auch kaum Gelegenheit zum Grübeln, zudem ich an meinem Roman schreibe.

Dennoch leide ich unter der ständigen Unruhe, den ständigen Kämpfen in meinem Leben.

In der Familie meines Mannes wird mir bewusst, was ich in meinem Elternhaus und meinem Leben nie wirklich kennen lernen konnte und was bereits durch meinen Vater längst zerstört war, noch bevor ich geboren wurde.

Mich plagen auch noch immer Schuldgefühle, weil ich Marina damals weggelaufen bin. Was ich ihr damit angetan habe, weiß ich mittlerweile gut, da ich selbst Mutter dreier Kinder bin und mir ein Kind durch Intrigen entzogen wurde. Ich kann nachvollziehen, wie sie sich gefühlt haben muss. Aber ich weiß auch, dass ein Kind kein Eigentum ist.

Was ich bis jetzt noch nicht erfahren hatte: Auch der Körper vergisst nichts. Er meldet sich auf seine Weise und signalisiert, worunter die Seele leidet.

Wegen undefinierbarer Bauchschmerzen gehe ich zu meinem Frauenarzt, erwähne die Schmerzen aber nicht. Ich sage nur, er möge mich untersuchen.

Er findet nichts, schickt mich ohne Befund nach Hause.

Nachts wache ich abermals durch heftige Schmerzen auf. Es ist mein Verstand, der mir sagt, dass ich einen Notarzt konsultieren sollte.

Charly bringt mich mit dem Auto in die nächste Klinik. Ich habe Fieber, werde jedoch zu der Frauenklinik geschickt, in der mein Gynäkologe Belegbetten hat. Da ich die Ärzte, Hebammen und Schwestern dort gut kenne und man wohl von einer harmlosen Angelegenheit ausgeht, frühstücke ich noch mit den Ärztinnen.

Als mein Arzt kommt und mich untersucht, ist er wenig begeistert davon, dass ich etwas gegessen habe. So kann er mich nicht operieren. Er tippt auf eine Bauchhöhlenschwangerschaft, ist sich aber nicht sicher.

Ich habe wehenartige Schmerzen. Er muss, weil ich gefrühstückt habe, einige Stunden warten, ehe er mich operieren kann. Derweil steigt mein Fieber immer höher.

Von der Tatsache, dass ich kollabiere und erst zwei Tage später wieder zu mir komme, bekomme ich wenig mit.

Ich nehme irgendwann nur besorgte Gesichter an meinem Bett wahr. Vor allem das des Arztes.

»Das hätte schlimm ausgehen können!«, klärt er mich auf und erzählt mir etwas über die Funktion und Wichtigkeit des Schmerzes. »Sie hätten bei Ihrem Befund und Ihrem Zustand auf Grund des Schmerzes auf allen vieren gekrochen kommen müssen! Stattdessen kommen sie aufrecht daher, als wäre nichts geschehen! Sie hatten eine Bauchdeckenvereiterung, die man bei einer normalen Untersuchung nicht so leicht feststellen kann. Die Tatsache, dass Sie aber zu uns hereinspaziert kamen, als wäre nichts, ließ keine solch schlimme Geschichte vermuten. Ich kann es mir nur so erklären, dass sich Ihr Körper so sehr an Schmerzen gewöhnt hat, dass Sie diese schon gar nicht mehr wahrnehmen. Das ist sehr gefährlich! Es kann Sie das Leben kosten! Mir wäre beinahe etwas Eiter in die Blutbahn geraten, und wir hatten große Probleme, eine Blutvergiftung zu verhindern. Bitte tun Sie mir und sich selbst den Gefallen, Ihre Geschichte therapeutisch aufzuarbeiten. Chronischer, auch seelischer Schmerz führt dazu, dass der Körper sich so sehr daran gewöhnt, dass er ihn als wichtiges Signal nicht mehr wahrnimmt.«

Ich bin nochmal mit einem blauen Auge davongekommen, aber schmerzfrei lebe ich nicht. Ich habe massive Rückenprobleme, die ich auf mangelnde Bewegung und meine sitzende Tätigkeit zurückführe. Da sie immer unerträglicher werden, gehe ich zu einem Orthopäden, der mir Krankengymnastik und Massagen verschreibt.

Doch irgendwann sagt die Masseurin, in Höhe des Lendenwirbels sei eine Ausbuchtung wie ein Wasserkissen, das sich aber längst aufgelöst haben müsste.

Ich lasse mich beim Orthopäden röntgen, der feststellt: »Das ist ein kleiner Tumor!«

Ich habe Angst.

Zu Hause betrachtet Charly meinen Rücken und sagt, man sähe tatsächlich eine kleine dunkelblaue Ausbuchtung in Höhe des Lendenwirbels. Der Schock über diese leicht dahingesprochene Diagnose ist schlimmer als der Tumor selbst, der aber große Qual verursacht, weil er auf Nerven drückt. Ich kann vor Schmerzen kaum auftreten, bin immer müde und habe Kopfschmerzen.

Meine Operation in der Hautklinik Bad Cannstatt fördert einen handtellergroßen gutartigen Tumor zu Tage, der zur Gruppe der Lipome zählt. Durch die Größe und seinen Sitz in Höhe des Lendenwirbels war er nicht ungefährlich, denn ein falscher Schnitt mit dem Skalpell hätte eine Querschnittslähmung nach sich ziehen können.

Erst nach einem weiteren Jahr Krankengymnastik kann ich schmerzfrei laufen und sogar wieder Schlittschuh fahren.

Nicht erst durch den Hinweis des Arztes ist mir klar geworden, dass ich es ohne psychologische Hilfe nicht schaffe, das Geschehene zu verarbeiten. Seit einigen Wochen läuft meine Therapie, in der es um eine Analyse meiner Abstammung und Entstehungsgeschichte und die damit verbundenen Aggressionen und Assoziationen geht.

Mit Marina pflege ich derweil oberflächlich Kontakt, aber sobald es um mein persönliches Befinden geht, mangelt es ihr an Einfühlungsvermögen und Mitgefühl. Sie nimmt keinen Anteil.

Ich gehe viermal wöchentlich zum Therapeuten. Charly unterstützt mich, indem er etwas früher Feierabend macht und die Kinder beaufsichtigt und versorgt.

Immer noch lese ich fassungslos in den Akten die Briefe, in denen die Exfrau meines Vaters einen Gerichtsgutachter scheinheilig fragt, ob es nicht möglich sei, meine leibliche Mutter in eine Psychiatrie einweisen zu lassen, falls sie ihren Vater des Inzests beschuldigt.

Wie gut, dass ich in einer Privatfrauenklinik in Münster direkt am Aasee geboren und dort von Ärzten und Schwestern auf die Welt geholt wurde. Nicht auszudenken, ich wäre als Hausgeburt von dieser Frau entbunden worden. Der Gedanke, gleich vom ersten Augenblick meines Lebens in die Gesellschaft von Verbrechern geraten zu sein, verursacht mir Übelkeit. Darüber spreche ich intensiv mit meinem Therapeuten.

Und auch darüber, dass meine Mutter und ich uns wenigstens ein paar Minuten lang in guter Atmosphäre hatten.

In meiner Analyse, die Anfang 1988 beginnt und bis 1991 dauert, kommt es mir von Beginn an so vor, als sei das Gehirn eines Menschen vergleichbar mit der Festplatte eines Computers, der vom ersten Augenblick an mit der Eingabe bestimmter Informationen gespeist wird, so wie der erste Augenblick eines Menschen Informationen an die Seele weitergibt und diese umgekehrt in ein Zusammenspiel mit körperlichen Funktionen tritt. Ein faszinierendes Räderwerk, ein Wunder der Natur.

Demnach sind die ersten Augenblicke und Ausnahmemomente unwiderruflich gespeichert, als habe man eine Kassette oder ein Videoband mit Abläufen und Geschehnissen gefüttert und anschließend die Lasche an der Rückwand herausgedrückt, was ein Löschen, eine Neuaufzeichnung oder eine Überspielung unmöglich macht. In diesem Fall wird der Therapeut zu jemandem, der über die Lücke, die an der Stelle der herausgedrückten Lasche entstand, einen Tesafilmstreifen klebt, um wenigstens die unerträglichsten Teile der Aufzeichnung neu überspielen zu können.

Dieses aber setzt die aufwändige Arbeit voraus, alles von Anfang an abzuspulen, sich anzuhören und anzusehen und im Detail abzustimmen, was gelöscht und neu programmiert werden soll.

Drei Jahre lang steige ich, auf der Analytikercouch liegend, hinab in das Archiv meines Gehirns, in den Keller meiner Seele, um die dort lagernden verstaubten Elemente und Sequenzen meiner Kindheit anzuschauen und zu entscheiden, was mit ihnen geschehen soll. Aufbewahren oder löschen? Neu aufzeichnen oder überspielen?

Es ist wie der Besuch eines Horrorkabinetts. Eine Irrfahrt voller Entsetzen, Schrecken, Grausamkeiten.

Ich fühle mich wie in einem Geisterhaus, in dem in Einmachgläsern eingelegte, konservierte und marinierte Augäpfel, Herzen und Seelenflügel aufgestellt sind. Zerlegt und eingemacht – gefangen im Glas.

Zwischen Apfelsteigen, Einmachgläsern, Gurkenfässern, Kohlenhalden habe ich damals die Kellerdecke angestarrt, die Haken daran entdeckt, an denen Dauerrauchwaren und Würste aufgehängt waren, und überlegt, ob sie wohl auch mein Gewicht aushalten würden – wenn mich meine eigene Mutter schon nicht erträgt.

Wie sehr mich diese Seelenmörder attackiert und verletzt haben, ahne ich, als ich vor dem Schaufenster eines Augenoptikers stehe, aus dem mich blaue Augäpfel anstarren, die als Dekoration zwischen den Brillen liegen. Ich überlege, ob ich hineingehen und darum bitten soll, ob er mir eine Hand voll davon abgibt, um sie symbolisch in einem mit einem Korken verschlossenen Glas aufzuheben.

Bei ihrem Anblick möchte ich mir vorstellen, wie es wäre, wenn ich die Täter und ihre Handlanger in all ihre Einzelheiten zerlegen und zersägen könnte. Momente lang überlege ich wirklich, ob es meiner Mutter besser gegangen wäre, wenn ich diese Leute ermordet hätte.

Nur einmal solche Bestien und Psychoverbrecher hängen sehen. Sie betteln hören um ihr Leben. Das Knirschen ihrer Eingeweide, so wie sie sich am Knirschen kindlicher Becken abartig ergötzen. Sie einmal ihre Eingeweide auskotzen sehen.

Ich bekomme Angst vor meinen eigenen Gefühlen, vor meiner eigenen immensen Wut und meinen Hassgefühlen, aber ich kann sie nicht stoppen.

Ich komme zu der Entscheidung, in diesem Keller gründlich aufzuräumen, meine Seele gesund zu pflegen und für neue Bilder in meinem Kopf Platz zu schaffen. Ich brauche viel Platz für die verschiedenen Jahreszeiten, für Literatur, Musik ... Ich schaffe Platz für neue Bücher in meiner Bibliothek, nur wenige Bücher meines Vaters behalte ich. Nur besonders hartnäckig vererbte Anlagen wie meine blauen Augen, Haarfarbe und Körperstatur werden mich als Teile von ihm durch mein Leben weiter begleiten und die Menschen, die ihn kannten, immer auch an ihn erinnern.

Die Therapie leitet eine Verwandlung ein.

Kann ich auch an meinem Temperament arbeiten? Was mache ich mit meinem Geschmack, meiner Vorliebe für Farben und Formen? Es dauert lange, aber schließlich haben sich neue Vorlieben herausgebildet, und ich kann auf viele Anteile, die auf meinen Vater zurückgehen, verzichten.

Als rühre sich plötzlich alles das, was ursprünglich von mir in dieses Leben mitgebracht, aber durch diese Leute einbandagiert und unterdrückt wurde und beinahe mumifiziert abzusterben drohte.

Wie Phönix steige ich in meinen Träumen in nachtblauen und türkisfarbenen wehenden Gewändern aus der Asche, die von der verbrannten Erde meines Vaters stammt.

Ich fliege in meinen Träumen als Vogel mit ausgebreiteten Flügeln, und aus dunklen Wolken sind weiße glitzernde Landschaften geworden. Wandlungen wie Metamorphosen.

Habe ich mich womöglich vom Beginn meiner Zeugung an unspürbar für Marina gemacht, um sie auf meine Weise von diesem väterlichen Ungeheuer zu erlösen und zu befreien?

Kann es sein, dass ich mich gleich nach meiner Geburt für Jahre aufgehoben habe, damit meine eigentlich und ursprünglich mitgebrachten Eigenschaften unentfaltet bleiben – aus Angst, dass sie zerstört werden?

Vielleicht ist es das, wonach die Täter gieren. Nach dem *Ich* des Kindes. Dem *Ich* in ihrem eigenen Kind.

Ein krankhafter Narzissmus.

Als würde es ihnen nicht genügen, den kindlichen Körper zu sezieren, suchen sie nach der kleinen Seele, um diese auch noch in ihren Besitz zu bringen.

Ich kann eine gewisse Freude nicht verhehlen. Ich will sie nicht als Schadenfreude bezeichnen, da ich mich nicht als Schaden empfinde. Ich bin ein Glücksfall, kein Unglück.

Die Entstehung, die Zeugung und die Geburt eines Kindes sind keine Krankheit, kein Unglück und kein Schaden. Ich habe einem Kind geholfen, einen zerstörerischen Missbrauch aufzudecken, den Beweis zu liefern und Täter und Mitwissende lebenslänglich an ihr Tun und Treiben zu erinnern.

Wie ein Engel habe ich einem Kind, das ungewollt meine Mutter wurde, zu einem Ausweg, einem anderen Weg als von diesen Bestien geplant, gewiesen. Wenn es nach ihnen gegangen wäre, hätten sie sich des zerstörten Körpers und der zerstörten Seele meiner Schwestermutter durch eine Einlieferung in die Psychiatrie entledigt, so als hätten sie bloß einen ausgeweideten Kadaver zu entsorgen.

*Ich* habe ihnen einen Strich durch ihre mörderischen Pläne gemacht, für meine Mutter und mich ein Weiterleben erkämpft und für einen anderen Lebensweg gesorgt, als ihn diese Monster für uns vorgesehen hatten. Ich kam spät, aber nicht zu spät, auch wenn es mir nicht gelungen ist, einen immerhin erheblichen Schaden von ihrem Körper und ihrer Seele abzuwenden. Aber es wären schon viele Zeichen ihrer Genesung, wenn sie es genau so sehen könnte.

Sie muss mich ja nicht als Glücksfall empfinden.

Es wäre schon viel, wenn sie in mir die Rettung erkennen könnte, auch wenn ich Züge ihres Vergewaltigers trage.

Die Liebe zu meiner Familie, meinem Mann und den Kindern setzt Energien frei, die mich erkennen lassen, an was es in meiner Ursprungsfamilie fehlte. Es mangelte an Herzensbildung und an aufrichtiger Liebe dieser Menschen, sich selbst und anderen gegenüber.

Diese Erkenntnisse sind schmerzlich, aber auch faszinierend, weil ich durch meine eigene Liebe erfahre, welcher Gefühle ich fähig bin und wie tief Zuneigung gehen kann. Gefühle bekommen eine neue Dimension und Eigendynamik.

Ich spüre, dass ich mich während der Psychoanalyse verändere. Es ist ein ungeheuer spannender, rasanter Prozess, dem ich kaum folgen kann, weil es mir manchmal beinahe den Atem nimmt.

Was gestern noch galt, gilt heute nicht mehr.

Menschen, die mir gestern noch falsche Vorbilder waren, werden von dem Sockel gestoßen, auf den ich sie selbst gestellt habe.

Beziehungen und Freundschaften werden in Frage und auf die Probe gestellt.

Heiligenscheine lösen sich auf.

Viele halten meinen Veränderungen nicht stand.

Ich bin ein Vogel, den die Seele aus ihrer Gefangenschaft entlässt und der nur zu dem zurückkehrt, der diese Freiheit akzeptiert.

Ich stelle fest und erfahre, dass Liebe weniger ein Gefühl, sondern ein Verhalten ist.

Nach zwei Jahren sind die psychoanalytischen Stunden, die von der Krankenkasse gezahlt werden, beendet. Ich setze die Therapie noch eine ganze Weile auf eigene Kosten fort, denn immer noch möchte ich manchmal laut schreien.

Ich verlasse die Psychotherapie mit einem Gefühl der Erleichterung, aber ich bin noch wund vor Schmerz.

Gleichzeitig erfasst mich Lebenswille und Optimismus.

Ich will glücklich werden.

Ich will leben.

Ich will es allen zeigen, dass man nach einem solchen Verbrechen nicht zum Scheitern verurteilt ist! Zwar waren alle Täter einst Opfer, aber nicht alle Opfer werden Täter!

Sie haben Selbsthass in mich gepflanzt und mich dadurch in die Einsamkeit gestoßen. Genau das war ihre Absicht. Aus der Hölle der Isolation und des Schweigens gibt es so leicht kein Entrinnen. Sie haben ein perfektes Verbrechen begangen. Zuerst an meiner Schwestermutter, danach an mir. An all ihren Kindern.

Am Ende verdanke ich ihnen, dass ich mit keinem anderen Schicksal tauschen will, auch wenn ich bestimmte Erfahrungen niemals mehr erleben will. Noch bin ich, ich weiß nicht, wer, noch komme ich, ich weiß nicht, woher, aber ich beginne, eine Ahnung für mich zu haben, wer ich werden will, und das macht mich neugierig auf die Zukunft.

# KAPITEL 16

Ab Matthias fünftem Lebensjahr gehen er und seine Schwester in einen deutsch-französischen Kindergarten. Wir besuchen den Kindergarten zuvor zusammen mit ihnen an einem Tag der offenen Tür. Uns gefällt diese Einrichtung, die Stuttgart auf Grund einer Partnerschaft mit Frankreich anbietet und die Kinder auf spielerische Weise und unter Anleitung von entsprechend ausgebildeten Pädagogen zweisprachig erzieht. Der Kindergarten bietet eine gute Vorbereitung für den Besuch eines weiterführenden bilingualen Gymnasiums, dessen deutsch-französisches Abitur zum Studium in den beiden Ländern Deutschland und Frankreich berechtigt.

Wir sind begeistert. Kinder aller Hautfarben und Nationen, deren Eltern – Botschafter, Diplomaten, Wissenschaftler und Politiker – aus beruflichen Gründen in Stuttgart weilen, werden in diese Einrichtung gebracht, damit sie hier im Sinne deutsch-französischer Partnerschaft erzogen werden. Nicht nur, weil die Familie meines Mannes französischer Abstammung ist, sondern auch, weil wir Offenheit, Toleranz und Interkulturalität in der Erziehung als wichtig erachten, bringen wir unsere Kinder hierher. Der Besuch dieser Einrichtung muss jeden Monat aus privaten Mitteln gezahlt werden und ist daher recht kostenintensiv – aber wir sollen es nicht bereuen. Den Kindern kommt eine Förderung zugute, die sie später auch selbst noch schätzen werden.

Mir persönlich liegt vor allem daran, dass sie weder Ausgrenzung noch Diskriminierung erfahren. Vor diesem Hintergrund begeistert mich die Vorstellung, dass Kinder verschiedener Herkunft, Hautfarbe und Sprache gleichberechtigt einen Teil des Tages miteinander verbringen und so schon früh ohne Vorbehalte und Vorurteile in einer Gemeinschaft aufwachsen, die verschiedene Nationalitäten vereint.

Jeden Morgen bringe ich meine beiden in den Kindergarten und hole sie mittags wieder ab. Ich nehme oft auch andere Jungen und Mädchen mit nach Hause und habe bald einen netten Kreis gleich gesinnter Eltern um mich.

Mir gefällt die Kontinuität und Zuverlässigkeit der pädagogischen Betreuung sehr. Die Kindergarten- und Schulzeiten sind immer gewährleistet, niemals fallen Stunden ohne Ankündigung aus und wenn, ist trotzdem eine lückenlose Betreuung durch die anwesenden Lehrer gesichert. Die Kinder sind nie allein oder sich selbst überlassen oder der Aufsicht oder Kontrolle entzogen.

Es ist das System einer Ordnung, das zu einem zuverlässigen Vertrag zwischen Elternhaus und Schule beiträgt und bei dem jeder gern aktiv mitwirkt. Ein System der Zuverlässigkeit beider Seiten, für Eltern *und* Kinder, das ein Gefühl von Aufgehobensein und Sicherheit erzeugt.

Mein Leben verläuft in durchdachten, geplanten und geordneten Bahnen. Familie ist für mich die Familie meines Mannes, die aber noch immer nichts von meinen Bedürfnissen und Gefühlen, meiner Geschichte und meiner Vergangenheit ahnt.

Nach wie vor finden regelmäßig große Familientreffen statt. Mit jedem Treffen mehr wird mir bewusst, was es in meiner Herkunftsfamilie nicht gab, was zerstört wurde und was nie wieder nachgeholt werden kann.

Ich möchte mehr schreiben, mich mehr meiner Arbeit als freie Autorin widmen. Dazu benötige ich jedoch einen größeren Dispositionskredit, da ich nicht regelmäßig verdienen werde. Als Mitglied im Freien Deutschen Autorenverband finde ich in der damaligen Vorsitzenden eine Förderin, die bereit ist, mich als Bürgin zu unterstützen. Die erste Bürgschaft bei der Heirat mit meinem Mann ist schon lange abgelaufen. Als freie Autorin würde ich jedoch ohne Bürgschaft keinen größeren Dispositionskredit erhalten, und ich möchte zudem nicht mehr auf die finanzielle Unterstützung meines Mannes angewiesen sein, der sich selbst fehlende Mittel bei seiner Familie leiht.

Durch die Fürsprache dieser Dame aus gehobener Gesellschaft wird es mir möglich, als freie Autorin meine eigene Arbeit zu intensivieren und meinen eigenen Weg selbstverantwortlich und zielstrebig weiterzuverfolgen.

Einmal sagt meine Bürgin zu mir: »Man muss jedem Menschen so begegnen, als könne er morgen der eigene Feind sein!«

Diese Ansicht weise ich zu diesem Zeitpunkt entsetzt zurück. So möchte ich Menschen nicht begegnen. Aber ich werde noch oft an dieses Zitat denken.

Ich lese nach und nach die Bücher aus dem Nachlass meines Vaters, die ich aufbewahrt habe: von Dr. Joseph Murphy »Die Macht Ihres Unterbewusstseins«, Erich Fromms »Märchen, Mythen, Träume« und von Karl Spiesberger »Die Aura des Menschen«.

Ich lese von einem Gesetz, das sich Ursache und Wirkung nennt. Alles, was wir demzufolge denken und fühlen, kehrt danach zu uns zurück.

Ich will die Menschen, denen ich meine Abstammung, meine Zeugung und Geburt verdanke, nicht hassen. Hass ist eine starke Energie, unberechenbar in seiner Auswirkung. Außerdem wäre ihnen dann ein perfektes Verbrechen über ihren Tod hinaus gelungen! Denn würde ich sie hassen, würden sie noch aus dem Grab heraus Kontrolle über meine einst missbrauchte Seele behalten. Ich möchte mich mit meinem Schicksal aussöhnen, so übel ich es empfinde. Es als eine Geburtsgeschichte akzeptieren, die abgesehen vom ursprünglichen Geschehen dennoch etwas Gutes entstehen ließ, nämlich mich zu Stande gebracht hat.

Ich bin okay. Ich bin unversehrt.

Ich bin attraktiv, beliebt und charmant.

Ich habe keinen Grund, mich zu beklagen, auch wenn vieles zu beklagen ist, weil es zu wünschen übrig lässt.

Ich habe erkannt, was diese Menschen mir angetan haben, und es wird Zeit, mich von ihnen zu verabschieden und sie in Frieden ruhen zu lassen.

Ich war bis auf ein-, zweimal nicht an ihren Gräbern, und ich habe auch keine Ambitionen, diese zu pflegen. Ich muss keinen Totenkult hegen und Menschen, die nach meinem Erleben nicht mehr als gemeine Verbrecher waren, gutreden.

»Ich bin das Kind eines Inzests« heißt mein erster Artikel, der in der Frauenzeitschrift COSMOPOLITAN erscheint.

Nach Veröffentlichung des Artikels lädt mich ein Fernsehsender ein. Im Publikum der Sendung zum Thema »Missbrauch« sitzt die Lektorin eines Buchverlages. Sie spricht mich nach der Sendung auf mein Manuskript an.

Kurz danach erhalte ich Nachricht, dass der Verlag mein Buch veröffentlichen möchte.

Ich habe an mir gearbeitet, auf meinem Weg Fortschritte gemacht und bin ein großes Stück weitergekommen, aber noch lange nicht am Ziel. Es setzt sich lediglich mein eigener, selbstbestimmter Weg fort.

Um dies auch nach außen hin zu signalisieren, melde ich meinen Hauptwohnsitz in Wiesbaden ab und verlege ihn nach Stuttgart, wo ich schließlich wohne. Hier habe ich mein Zuhause gefunden, hier arbeite und lebe ich, hier sind meine Kinder geboren. Ich halte es für möglich, wenn die Kinder das Haus verlassen und ich über die nötigen Mittel verfüge, mein Domizil wieder nach Wiesbaden zu verlegen und dort ein Zuhause einzurichten, das Platz und Raum genug für all die Menschen bietet, die ich liebe.

Mein Mann und meine Schwiegermutter nehmen die Ummeldung meines Hauptwohnsitzes zur Kenntnis, aber sie kommentieren es zum Glück nicht negativ. Es ist pragmatisch gesehen auch schlicht einfacher für mich, als wenn alle Post über die Hauptadresse in Wiesbaden läuft. Zudem verursacht mir allein der Gedanke Übelkeit, dass Post, die meine Vergangenheit betrifft, in Wiesbaden eingeht.

1995 erscheint mein erstes Buch, der Roman »Melinas Magie«, in dem ich die Geschichte des Inzests in meiner Familie belletristisch verarbeitet und literarisch fantasievoll verdichtet habe. Es ist ein Fantasieroman, der auf Fakten und Tatsachen basiert. Ich will abwarten, welche Reaktionen kommen, und behalte mir vor, zu sagen, es sei lediglich ein Roman.

Durch die Veröffentlichung dieses ersten Buches gelingt mir der Wechsel aus der Rolle des Opfers zu einer ernst genommenen Autorin, die eigenständig und erfolgreich in der Lage ist, einmal begonnene Pläne zum Ziel zu führen.

Marina findet das Buch gut. Sie sagt, es könnte *das* Buch sein, das sie immer schreiben wollte.

Mit den Fernsehauftritten und der Buchveröffentlichung erfahren auch die Familienangehörigen meines Mannes, meine Schwiegereltern und viele Verwandte, von der Geschichte meiner Abstammung und Herkunft.

Sie sind sprachlos.

Erst jetzt, nachdem wir schon annähernd zehn Jahre verheiratet sind, wird der Familie bekannt, wer ich bin und warum ich keinen intensiveren Kontakt zu meiner Familie habe.

Der Umgang miteinander verändert sich dadurch aber weder negativ noch positiv. Sie sind alle Menschen, die sich selbst nicht in Frage stellen und in ihre eigene Welt des Wohlstandes derart eingesponnen sind, dass sie nicht auf die Idee kommen, mir ganz persönlich ihre Hilfe anzubieten. Sie bilden sich wahrscheinlich ein, mit den Blumen und Vasen und anderen Geschenken ihren Beitrag zu leisten. So läuft alles weiter wie bisher, die Begegnungen, die Familientreffen – alles nach den gewohnten Ritualen.

Manchmal wünsche ich mir eine Ausnahmebehandlung, weil ich ein Ausnahmemensch bin, Hilfe und Unterstützung, statt unsinniger Geschenke.

Die ersten Artikel in Zeitungen und die verschiedenen Fernsehbeiträge locken viele Interessierte und Neugierige ins Bezirksrathaus unseres Stadtteils, in dem die Bezirksvorsteherin den Abend eröffnet und kommentiert.

Auch meine Schwiegermutter ist angereist.

Kollegen von der lokalen und überregionalen Presse berichten in Print- und anderen Medien.

Der Auftakt wird ein großer Erfolg und leitet regelmäßige Öffentlichkeitsarbeit mit Buchlesungen, Dokumentationen, Interviews, Fernsehbeiträgen und Hilfsangeboten für Inzestüberlebende ein.

In meinem Buch und in den Fernsehberichten erscheint keiner der beiden Elternteile nach seinem Tod edler, als er wirklich war. Positive Eigenschaften werden ebenso genannt wie die negativen, aber sie mildern das Geschehene nicht ab, sondern machen die Geschichte nur umso trauriger. Inzest, Verrat, körperliche und psychische Gewalt sowie unterlassene Hilfeleistung lassen die positiven Eigenschaften wie Luftblasen zerplatzen. Wir Kinder werden unser Leben lang damit beschäftigt sein, das Erlebte zu überwinden. Schon in jungen Jahren mussten wir doppelt und dreifach so viel aushalten und leisten wie andere Menschen.

Ich habe nichts gegen die Feststellungen einzuwenden, dass mein Vater zu Lebzeiten ein angesehener, attraktiver, beliebter, charmanter, erfolgreicher, intelligenter, kreativer und preisgekrönter Künstler namhafter Markenzeichen gewesen ist. Dieses habe ich nie in Abrede gestellt. Ganz im Gegenteil ist es mir außerordentlich wichtig, genau diese Seite im Zusammenhang mit seinem kriminellen Charakter hervorzuheben und aufzuzeigen, dass es genau diese positiven Eigenschaften, wenn man sie unabhängig betrachtet, gewesen sind, die ihm den jahrelangen inzestuösen sexuellen Missbrauch seiner eigenen Tochter und die Übergriffe auf viele andere Mädchen so einfach gemacht haben.

Mein Vater hat seine Wirkung auf andere Menschen genau gekannt, diese eingesetzt und wiederum zu dem Zwecke missbraucht, sich das Vertrauen von Menschen zu erschleichen, um sie entweder ebenfalls als Opfer zu manipulieren oder zu Mitwissenden, blind Vertrauenden zu machen.

Ich will damit aber keinesfalls sagen, dass diese Eigenschaften auch nur den kleinsten Teil seiner Schuld aufheben. Gegen eine solche Verdrehung der Tatsachen würde ich jederzeit mit allen mir möglichen Mitteln vorgehen.

Es muss hingegen endlich eingesehen werden, was Missbrauchstäter wie mein Vater über Generationen hinweg anrichten.

Ehrungen und Lobgesänge sollten den Menschen vorbehalten bleiben, die sich uneingeschränkt zu Gunsten des Allgemeinwohls eingesetzt haben.

Warum sollte man bei einem ehrenamtlichen Schöffen, einem Sprecher der Vertriebenen oder Ombudsmann, einem Träger des Eisernen Kreuzes nach seinem kriminellen Lebenswandel seine guten Eigenschaften betonen, wenn er sogar diese zu seinem Tun missbräuchlich eingesetzt hat, nur um sich so das Vertrauen eines Kindes zu erschleichen? Einem solchen Täter darf man selbst nach seinem Tod keinen Heiligenschein verleihen. Wer versucht, nur noch das Positive hervorzuheben und zu erwähnen, wehrt in Wahrheit bloß das Ungeheuerliche ab, banalisiert es und entschuldigt es.

Doch nach meiner Beobachtung wuchern die positiven Eigenschaften umso mehr, wachsen wie Pilze aus allen Ritzen eines Sarges und eines Grabes, je länger jemand verstorben ist, und im Gegenzug verblasst das üble Tun und Treiben zu Lebzeiten. Dabei werden tatsächlich die getarnten perfiden verbrecherischen Energien nachträglich gelobt und aufs Podest gehoben. Solche Verharmlosungsversuche sorgen dann für ein insgesamt täterfreundliches Klima in einem Land. Es besteht aus meiner Sicht immer diese Gefahr, dass Verbrechen verklärt werden. Seit es an einer allgemein verbindlichen Moral als gesellschaftliches Argument und Messinstrument für Anstand und Sitte fehlt, weil jeder die Freiheit hat, sein Leben selbstverantwortlich zu leben, gleichgültig welches Charakterschwein er in seinem Privatleben ist, müssen wir besonders gut hinschauen und uns mehr Mühe geben, böse und gut voneinander zu unterscheiden.

Wir sollten es nicht so weit kommen lassen, dass Opfer ihrem Peiniger unter dem Druck einer verdrängenden Gesellschaft bescheinigen: »Aber er war doch auch ein guter Mensch!«, nur weil sie Angst haben, als Dauerquerulanten gemieden und isoliert zu werden, da die Gesellschaft endlich wieder zur Tagesordnung ihres harmoniesüchtigen Treibens übergehen will.

Opfer, die unter den erlittenen Eindrücken gar keine Energien haben, ihre Eigenschaften zu pflegen, sondern mit dem Überleben beschäftigt sind, geraten zwangsläufig ins Hintertreffen. Mit ihnen lässt sich nur mühevoll Imagepflege oder Popularitätspolitik betreiben. Sie sind vielleicht noch als Stimme im Wahlkampf zu gebrauchen, aber danach will man nichts mehr mit ihnen zu tun haben, sie sollen gefälligst Ruhe geben und nicht pausenlos mit Anträgen und Ansprüchen stören.

Inzestüberlebende, die vom ersten Moment ihrer Geburt vermittelt bekommen, dass sie höchstens auf dem Adoptionsmarkt willkommen sind oder für Babyklappen-Politik und Organhandel begehrte Objekte sind, haben angesichts der oben angesprochenen Mechanismen keine fairen oder reellen Chancen im Leben.

Manche Menschen missverstehen mein Engagement. Wenn ich vom »Kindesrecht« als »Menschenrecht« rede, befürchten sie, ich will ihnen die Erwachsenenrechte zu Gunsten von Kindesrechten beschneiden.

Darum geht es aber gar nicht.

Es geht grundsätzlich darum, dass es keine Menschen

verschiedener Klassen geben darf und alle Menschen vor dem Gesetz gleiche Behandlung, gleiche Rechte und gleiche Pflichten erfahren.

Oft höre ich das Argument, »solche« Kinder müssten doch froh sein, überhaupt geboren, adoptiert, ernährt und großgezogen zu werden.

Diesen Ansatz halte ich für fatal.

Jeder Mensch hat das Recht auf Leben vom ersten Moment an, ein Recht auf Lebensqualität sowie auf Grundbedürfnisse wie Essen, Trinken, Bildung, Kleidung.

Wenn jemand froh zu sein hat, dass er leben darf, dann alle oder niemand.

Das Argument, »so ein Kind« müsse doch froh sein, überhaupt aufgezogen zu werden, darf kein Argument für eine neue »Klasse Menschen« werden, mit denen man machen kann, was man will.

Ich muss nicht mit allem zufrieden sein, was mir geboten wird. Ich muss nicht meinen Mund halten, ich muss mich nicht mit Minderwertigem zufrieden geben, ich muss mich nicht erneut missbrauchen lassen.

Ich kann, ja, ich muss anspruchsvoll und kritisch sein. Wer, wenn nicht ich, könnte auf die Missstände wie Inzest im innerfamiliären System aufmerksam machen? Doch wohl nur eine Person, die diese Strukturen in- und auswendig kennt.

Da ich mich zu Gunsten Inzestüberlebender engagiere, habe ich das Recht zu kritisieren. Ich kritisiere meine eigenen Familienangehörigen und Verwandten, und sie haben das Recht, mich zu kritisieren. Ich kritisiere meine Freunde, und sie haben das Recht, mich zu kritisieren. Ich kritisiere Politiker, und sie können mich kritisieren. Und ich kritisiere Inzestbetroffene selbst, wenn ihr Fehlverhalten unabhängig vom Erlebten nicht akzeptabel ist, und sie können mich kritisieren, wenn mein Verhalten trotz meines Erlebten untragbar sein sollte. So viel Austausch muss möglich sein.

Schade, dass wir in unserem zu diesem Zeitpunkt im Aufbau befindlichen Verein kein »schwarzes Inzestkind« mit Inzestschäden aus Afrika betreuen, sonst wären wir vielleicht sogar zum fünfzigjährigen Jubiläum von UNICEF eingeladen und von Promis beklatscht worden.

Doch ich bin nicht prominent oder oberflächlich genug, um auf solchen Hochzeiten tanzen zu dürfen. Mir und den Mitkämpferinnen meines Vereins bleibt die Schwerstarbeit an der Basis und wenig Zeit für Partys. Wenn man mir sagt, ich sähe gut aus, und mich fragt, wie ich das mache, antworte ich: »Ich habe nicht mal Zeit, älter zu werden. Müde vielleicht nach einem langen Tag, aber nicht alt.«

Viele Anrufe und Briefe Inzestüberlebender, die Hilfe suchen, fragen mich nach meinen Erfahrungen.

So gut wie möglich gebe ich diese in meinen Fachvorträgen und Sendungen weiter, aber unter dem Vorbehalt, dass mein Weg nicht unbedingt der Weg eines anderen Menschen sein muss.

Vielleicht gibt es leichtere, sicherlich schwerere Wege, zum Beispiel wenn Inzestkinder nicht nur mit den seelischen Qualen, sondern auch noch mit angeborenen körperlichen Beeinträchtigungen zu leben haben.

# KAPITEL 17

Ich erhalte eine Einladung von RTL, für das Magazin »Explosiv« eine Reportage zum Thema Inzest zu machen. Marina schlägt vor, in der Sendung mitzuwirken, und rät, die Dreharbeiten zu sich nach Hause zu verlegen. Sie hat eine sehr stilvoll eingerichtete Wohnung. Designermöbel. Seidentapeten. Kunstgegenstände.

Sie sagt, bei ihr sei es nicht so »primitiv« wie bei mir. Schon allein durch die Bilder, die sie gemalt habe und die als Galerie das ganze Haus schmücken. Ich gehe auf den Vorschlag ein. Hinterher bereue ich es zum Teil.

Mein Leben ist einfach und klar strukturiert, ich denke, was ich sage, schreibe, was ich meine, und ich stehe dazu. Ich lebe den Luxus der Normalität. Neid, erst recht den von Verwandten, muss man sich verdienen. Er ist die aufrichtigste Form der Anerkennung. Ich glänze zwar nicht in Ballkleidern und mit Seidentapeten an den Wänden, aber ich werde es auch ohne die Hilfe meiner Schwestermutter schaffen. Ich gehe meinen Weg und spüre, wie ich mich auch von der Familie meines Mannes emanzipiere. Sie kommen nicht auf die Idee, meine persönliche Arbeit zu unterstützen, also brauche ich mich auch nicht um ihr Befinden zu kümmern oder muss Rücksicht auf sie nehmen.

Ich merke, dass es für mich Zeit wird, mich auf mein eigenes Leben und meinen eigenen Weg zu konzentrieren und mich von ihnen zurückzuziehen.

Meine Schwestermutter ist meine Mutter geworden, weil sie vom eigenen Vater sexuell missbraucht wurde: Das tut mir aus tiefstem Herzen Leid. Doch ich kann es nicht rückgängig oder ungeschehen machen, und ich habe es nicht verschuldet.

Ich brauche keine Schuldgefühle zu haben, und ich muss mich nicht dafür entschuldigen, dass es mich gibt.

Marina wurde Opfer ihres gewalttätigen Vaters, aber mein Mitgefühl, Mitleid, Verständnis können ihr nicht helfen.

Eine jede von uns muss ihre Geschichte allein aufarbeiten und klarstellen, selbst entscheiden, wie sie ihr Leben gestalten und welche Rolle sie spielen will.

Mich kann die Vergangenheit nicht länger aufhalten; ich muss meinen Weg weitergehen. Mein Weg ist mein Weg.

Marinas Weg ist Marinas Weg.

Was bedeute ich Marina? Was werde ich ihr im Alter bedeuten? Ich bin ihr Kind, zu dem sie nicht gefragt wurde.

Ich habe sie mal gebeten, mir eins ihrer Bilder zu schenken – vielleicht einen Druck, ein Original muss es nicht sein –, sie antwortete, zu mir kämen doch nicht die richtigen Leute, nicht solche, die ihre Werke bewundern oder kaufen würden.

Wenn ich ihr vorschlage, wir könnten doch eine gemeinsame Veranstaltung, eine Ausstellung mit Lesung, machen, erwidert sie, ihre Bilder seien viel zu schade fürs gemeine Publikum. –

Nun aber zurück zur Fernsehreportage für RTL: Als die Regisseurin des Filmteams in Marinas Wohnung vor der mit Fotos gepflasterten Flurwand steht, sagt sie zu mir: »Von Ihnen ist ja gar kein Foto dabei!« Es sind alles Fotos von Marina, meinem Bruder und ihrem Mann. Es gibt anscheinend kein Bild von *mir*, das wert wäre, aufgehängt zu werden.

Nachdem alle Einstellungen abgedreht sind und RTL als Vorankündigung Ausschnitte ausstrahlt, ruft mich Marina an und fordert, dass ich die Ausstrahlung der Sendung durch einen Anwalt stoppen oder sie herausschneiden lasse.

Sie überschätzt meinen Einfluss auf den Sender. Erstens habe ich einen Vertrag mit dem Fernsehsender unterschrieben, der die rechtlichen Belange regelt, zweitens erhalte ich in meiner Profession als Journalistin mein Honorar, und drittens will ich, dass diese Reportage ausgestrahlt wird. Ich drehe nicht, um die Sendebeiträge anschließend stoppen zu lassen.

In der Stadt, in der meine Mutter lebt, verbreitet sich die Geschichte ihres Schicksals wie ein Lauffeuer.

Ob und wie die Dinge kommentiert werden, kann ich nicht beurteilen.

Marina ist sauer, weil der RTL-Beitrag mit der Feststellung endet, dass sie im Gegensatz zu mir leider nicht das Glück einer Familie mit Wunschkindern hatte, und schimpft: »Wenn nichts anderes aus dem Beitrag resultiert, keine andere Feststellung, als dass ich keine Kinder mehr kriegen konnte, dann danke!«

Ich verstehe ihren Ärger nicht, denn dass eine Seele noch nach Jahrzehnten zurückliegender Gewalterfahrungen und ein Körper nach erlittenen Qualen körperliche Funktionen abschaltet, sie abwehrt, oder auf ein minimales nötiges Funktionieren reduziert, ist meines Erachtens eine sehr wichtige Botschaft. Folglich müssen solche Berichte Gewaltbetroffener und daraus resultierende Erkenntnisse mit einbezogen und thematisiert werden. Einerseits scheint in der heutigen Zeit alles machbar, medizintechnisch durchführbar, Moral zählt nicht mehr, wenn es um das persönliche Glück und um den individuellen Lebensentwurf geht. Aber wir vergessen: Die Seele des Menschen lässt sich nicht täuschen, der Körper nicht beliebig manipulieren!

Somit sind wir wieder an dem eigentlichen Punkt der Auswirkungen von Gewaltverbrechen angekommen: Es können gar nicht genug Psychotherapien angeboten und Mittel dafür bereitgestellt werden.

An diesem Punkt in meinem Leben erkenne ich auch, dass wir alle möglichen Gesetze, Mittel und Möglichkeiten haben und dennoch Mutterliebe nicht anordnen, befehlen oder verordnen können. Es gibt Dinge im Leben, die keine Frage des Geldbeutels, also nicht käuflich sind. Dazu gehört Mutterliebe.

Fatal ist es zudem, dass in der Gesellschaft die falschen Signale gesetzt werden. Der Ausspruch »Eine Kinderschutzkonferenz haben wir nicht nötig« sendet verheerende Impulse an Täter. Die Annahme, wir hätten zu viele Therapeuten ist eine Fehleinschätzung. Wir brauchen Therapeuten gleichermaßen für Opfer und Täter und demnach eher mehr psychologisch geschulte Fachkräfte, allerdings mit verschärften Auflagen für die Täter – nicht, um für sie vorzeitige Entlassungen und Strafreduzierungen zu empfehlen.

Einladungen von Moderatoren wie Roger Willemsen in Sendungen wie »0137« bei Premiere ermöglichen mir, meine Erlebnisse, meine Erfahrungen, die hart erarbeiteten Veränderungen und Wandlungen meines Gefühlslebens anderen Menschen zu vermitteln.

Ich habe etwas zu sagen, und es gibt Menschen, die hören möchten, was ich zu sagen habe. Es tut mir unendlich gut, gefragt zu werden, angehört zu werden, ich genieße es regelrecht, nach Hamburg zu fliegen und in die Welt hinauszugehen.

Bei einem Besuch in Hamburg stehe ich auf der Rothenbaumchaussee vor dem Haus eines berühmten Astrologenpaares, aber ich kann es mir nicht leisten, hineinzugehen, um sie zu konsultieren, obwohl ich es gern tun würde. Ich bin aber auch ohne ein Horoskop überzeugt, dass sich alle meine Wünsche erfüllen und realisieren werden.

Doch warum leiste ich mir diese Freude nicht?

Es dauert, bis ich mir erlaube, das, was ich selbst verdient habe, auch ohne schlechtes Gewissen für mich selbst auszugeben.

Ich muss erst allmählich lernen, mich für meine enorme Überlebensarbeit und meine Leistungen zu belohnen.

Einmal erhalte ich von einem Sender einen Taxigutschein für eine Stadtrundfahrt, gleichgültig wie lange diese dauern würde, empfinde aber keine Freude daran, allein durch Hamburg chauffiert zu werden. Immer möchte ich meine Freude am Erfolg teilen. Ich kann mich nicht daran gewöhnen, allein in diesem wunderschönen Luxushotel zu sitzen. Mehr als alles anschauen, mich satt essen und in dem Riesenbett schlafen, kann ich nicht. Wie gern würde ich die Begeisterung für das Schöne mit einem anderen Menschen teilen.

Hamburg gefällt mir, wie so viele Städte, Stätten und Stationen meines Lebens. Ich bemerke auch ein Gefühl des Glücks in meiner Herzgegend, wenn ein Flugzeug wie ein Vogel abhebt und mich mitnimmt, unter mir weiße Wolken wie Schneelandschaften glitzern oder mich ein ICE in rasantem Tempo von dem einen Ort zu einem anderen bringt.

Ich weiß jetzt, wovon in den Therapiestunden die Rede war, wenn vom »Kontakt zu sich selbst« gesprochen wurde. Endlich habe ich Kontakt zu mir selbst, zu meiner Person und meiner Persönlichkeit.

Was viele Menschen nicht wissen: Ohne die Honorare und Spenden für die Auftritte meiner Fernsehbeiträge würde es meinen Verein längst nicht mehr geben, denn er erhielt nie offizielle Unterstützung, höchstens Mittel aus privaten Initiativen.

Meine Schwiegermutter fragt gelegentlich, ob und wie viel ich für einen Fernsehauftritt erhalte, und ich erkläre ihr, ich wäre sicherlich eine schlechte Journalistin, würde ich »umsonst« ins Fernsehen gehen. Als Vorsitzende eines Vereines bin ich aber nur den Menschen Rechenschaft schuldig, die meine Arbeit unterstützen. Nämlich dem Vereinsvorstand, den Mitgliedern des Vereines und den behördlichen Instanzen, die selbstverständlich regelmäßig Finanz- und Tätigkeitsberichte erhalten.

Als die inzwischen erwachsene Tochter meines Mannes ihre Berufsausbildung beendet hat und mein Mann nun keine Alimente mehr zahlt, kommt seine Tochter auf die Idee, auf eine weitere finanzielle Unterstützung zu klagen, obwohl sie stets Gelder durch ihre Großmutter erhielt.

Mit ihren raffgierigen und scheinheiligen Argumenten – schließlich würde ich, die Frau ihres Vaters, andauernd im Fernsehen auftreten – scheitert sie in Bausch und Bogen und wird knallrot, als die gegnerische Anwältin sie auf die Tatsache ihres scheiternden Studiums hinweist, auf Grund dessen man ihr die Bafög-Leistungen gestrichen habe. Wenn die Intelligenz zum Studium nicht reicht, muss man eben arbeiten gehen. Schließlich habe sie ja eine abgeschlossene Berufsausbildung.

Kurz darauf heiratet sie. Weder mein Mann noch meine Schwiegermutter sind eingeladen.

Viele Menschen sehen nur die Fassade, aber nicht, wie viel Leid und Arbeit hinter meiner Geschichte und meinem Weg stehen.

Durch die öffentlichen Auftritte erhalte ich viele Briefe. Von Inzestüberlebenden und von Pädophilen. Sie erzählen mir ihre Geschichten. Ihre Schicksale. Opfer, Überlebende, Täter.

Jedes Opfer und jeder Pädophile hat seine eigene Geschichte.

Die Täter servieren die ewig gleichen Ausreden, Versionen und Visionen, wie ich sie schon auswendig von meinem Vater kenne. Aber in Wirklichkeit und bei genauem Betrachten sind es immer und immer wieder die Geschichten von Gewalt, wie Jungen und Mädchen sie durch Frauen und Männer erlitten haben. Wahnsinn, der sich als Lebensphilosophie tarnt. Der maskiert daherkommt.

1997 erscheint mein zweites Buch, das Sachbuch »Meine Schwester ist meine Mutter – Inzestkinder im Schatten der Gesellschaft«, das aber recht bald aus dem Verlagsprogramm genommen wird.

Noch immer ist es in Deutschland so, dass Kindesmissbrauch in all seinen Aspekten und der ganzen Bandbreite als alarmierend ernstes Problem nicht wahrgenommen wird, denn dann müssten Gesellschaft, Gewerkschaft, Kirche, Justiz und Politik sich dieses Missstandes annehmen und verschärft dagegen vorgehen.

Dies tun sie aber nur halbherzig und machen sich nicht selten der unterlassenen Hilfeleistung strafbar. Weil sie dies genau wissen, bekämpfen sie nicht etwa die sexuelle Gewalt mit drastischen Strafen, sondern greifen die berichtenden, redenden, schreibenden Betroffenen und Fachleute an: Nicht die Kriminalität ist in ihren Augen die Wurzel allen Übels, sondern die zu »Enthüllungsberichten« reduzierten Bücher und Filme.

Nicht die Opfer, sondern die Täter werden wegen des Schlimmen bedauert, das sie in ihrer Kindheit erlitten haben.

Diejenigen, die ehrenamtlich Basisarbeit mit Gewaltüberlebenden leisten und die sich trotz ihrer Gewalterlebnisse nichts zu Schulden kommen lassen, die nicht kriminell werden, diese Menschen werden weder anerkannt noch unterstützt, sie werden klein gehalten, finanzielle Hilfsmittel verweigert man ihnen.

Viele Betroffene, die meine Bücher gelesen haben, schreiben mir, dass sie sich mit der Figur der Hexe in meinem Roman »Melinas Magie« identifizieren, weil sie sich eine Hilfe, eine Figur, eine Lösung aus ihrer Erstarrung und Ohnmacht wünschen.

Gelegentlich werde ich gefragt, ob ich eine Hexe bin.

Dies könnte ich mit einem verschmitzten Grinsen und einer Portion Humor beruhigend bestätigen, da mir immer wieder bestätigt wird, ich sei eine starke, sozusagen eine *magische* Person.

Im wirklichen Leben bin ich beruflich Autorin und Journalistin, privat Ehefrau und Mutter dreier Kinder. Eine Familienfrau. Eine im Herbst geborene Waage. Eine Herbstfrau. Nicht mehr, aber auch nicht weniger.

Ich verfüge leider nicht, wie im Roman, über mehr Energien und Mittel als andere Frauen, auch wenn meine Wut auf die Missstände an manchen Tagen überdurchschnittliche Kräfte weckt. An anderen Tagen ruft sie jedoch bloß eine große Ohnmacht hervor, Traurigkeit und Resignation.

Aber für einige Menschen bin ich eine Elfe, eine Fee, mal Hexe und mal Zauberfrau. Wenn nichts mehr geht, lege ich für mich und die Menschen, die zu mir kommen, ein Wort »da oben« ein. Manchmal schimpfe und hadere ich mit dem lieben Gott. Meistens hilft es. Also muss es wohl etwas geben, was wirksamer ist als all die Gesetze, die wir auf dem Papier formuliert haben und die wir doch nicht immer umsetzen. Halb- oder hartherzig, je nachdem.

In Wirklichkeit aber glaube ich an viele nicht sichtbare Engel und ungeschriebene Regeln zwischen Himmel und Erde. Es gibt viel mehr als das, was wir sehen; davon bin ich überzeugt.

Durch die Fernsehauftritte lerne ich Anwälte, Psychologen, Therapeuten und engagierte Menschen kennen, die bereit sind, einen Verein mit mir zu gründen.

Im Jahr 1996 bekommt der von mir gegründete Verein M.E.L.I.N.A. (s. Anhang) seine Gemeinnützigkeitsanerkennung, die uns berechtigt, Spenden zu sammeln und Spendenbescheinigungen auszustellen.

Die Vereinsarbeit ist intensiv, zäh, steckt voller Stolpersteine und Widerstände. Aber ich sage mir immer, dass mich niemand zu diesem Engagement zwingt und niemand an dieser Arbeit hindern kann.

»Inzestkinder? Was bedeutet das denn?« – »Gibt es die denn tatsächlich?« – »Das sind aber doch bestimmt nur wenige!« So lauten die gängigen Argumente und Vorurteile Nichtwissender, mit denen ich täglich zu tun habe.

Die erste Hilfe kommt eines Tages vom »Weißen Ring e. V.« in Mainz, der mir ganz unbürokratisch meine Therapierechnungen ersetzt, die ich aufgehoben und nach der offiziellen Zahlung der Krankenkasse im letzten Jahr selbst bezahlt habe. Von dem Geld kaufe ich mir meinen ersten PC, was mir meine Arbeit sehr erleichtert.

Im Rahmen des EU-Projektes »DAPHNE – Gewalt gegen Frauen und Kinder« stellen wir mit einem von mir entwickelten Konzept einen Projektantrag, um EU-Fördermittel zu erhalten. Beratende und formale Unterstützung erhalten wir seitens der EU-Koordinationsstelle im Stuttgarter Rathaus, die von meinem Konzeptvorschlag begeistert ist und uns auf Grund des innovativen Charakters unserer Anliegen große Chancen einräumt.

Doch wir scheitern, und zwar daran, dass uns keine Bank den erforderlichen Eigenanteil von 25 000 Mark, also etwa 12 500 Euro Selbstbeteiligung leihen will, obwohl sie kein Risiko dabei eingehen würde, denn im Falle der EU-Absage brauchten sie das Geld nicht auszahlen.

Aber sie wollen es nicht. Sie wollen nicht helfen. Inzestkinder gibt es offiziell nicht, also brauchen sie auch keine offizielle Hilfe.

Was würde passieren, wenn allen Opfern sexueller Gewalt langfristig wirksam geholfen werden würde? Der Adoptions- und Menschenhandelsmarkt würde zusammenbrechen. Mädchen, die durch inzestuösen sexuellen Missbrauch schwanger und ungewollt Mutter eines Kindes werden, würden diese Kinder womöglich bei sich behalten, wenn man ihnen langfristig Begleitung und Beistand, finanzielle Hilfe und Unterstützung anbieten würde. Adoptionen und anonyme Babyklappen, die viel Geld kosten und letztlich nachgewiesen keine wirksamere Hilfe leisten, würden plötzlich überflüssig. Mit diesen Geldern könnte man jede einzelne Mutter und ihr Inzestkind unterstützen. Ausbildungsangebote wären möglich, die Einrichtung pädagogisch und psychologisch betreuter Wohngruppen, mit denen Entfremdung und Trennung von Mutter und Kind verhindert würden.

Wir sind gegen die anonymen Babyklappen, weil wir gegen das organisierte Verbrechen sind und Babyklappen diesbezüglich keiner Kontrolle unterliegen.

Töchter, die als Auswirkung und Folge von Inzest schwanger werden, können von Tätern und deren Mitwissenden gezwungen werden, dieses Kind einfach in eine solche Einrichtung abzuschieben. Nur die Täter und Mitwissenden sind dann darüber informiert, wo sich dieses Inzestkind befindet und welche Identität es hat, wer seine Eltern sind. Täter und Mitwissende können als so genannte »Adoptionswillige« oder »Pflegeeltern« auftreten und sich diesen aus dem Inzest geborenen Säugling herausgeben lassen.

Wenn sie dann Adoptionspapiere erhalten, wird aus einem Inzestkind auf diese Weise ein legalisiertes Kind. Damit würde sich der Kreislauf eines perfekt organisierten Verbrechens schließen. Das illegal gezeugte Inzestkind würde auf diese Weise legalisiert in die Hände der Täter zurückgelangen, ohne dass ein Außenstehender das Geheimnis kennen oder der Täter zur Rechenschaft gezogen werden würde.

Als Vereinsvorsitzende obliegt mir die Aufgabe der Informationsarbeit mit Medien, die Organisation von Veranstaltungen und Spendensammlungen. Als Inzestüberlebende kommen Betroffene zu mir, die entweder durch sexuelle Gewalt Kinder bekommen haben oder auf Grund sexuellen Missbrauchs geboren wurden.

Zum Beispiel Sarina, deren Mutter zwei Kinder vom eigenen Vater bekam und von diesem Vater gedrängt wurde, eines der beiden Babys zur Adoption freizugeben. Der Vater und Täter meldete die beiden Inzestkinder als nichteheliche Kinder seiner Tochter bei den Behörden an und stellte seine Tochter als »leichtlebiges« Mädchen hin, das sich wahllos mit fremden Männern einlasse.

Sarinas Mutter heiratete einen lieben Mann, der Sarina adoptierte und wie eine eigene Tochter annahm, aber nie erfahren hat, wer der wirkliche Vater ist. Nach seinem Tod erkrankte die Mutter wegen schwerer Depressionen und wurde in eine Klinik eingeliefert. Ganz allmählich entdeckte Sarina das Geheimnis ihrer wirklichen Abstammung und der Adoption der anderen inzestgeborenen Schwester und brachte das von der Verwandtschaft jahrzehntelang gedeckte Familienverbrechen zur Sprache.

Sarina wird schließlich, wie auch ihre Mutter, Mitglied unseres Vereines.

Per DNA-Analyse lassen wir ihre Abstammung beweisen und klären. Dadurch finden die kontroversen Auffassungen innerhalb ihrer Familie ein Ende. Endlich muss auch die Verwandtschaft den Tatsachen ins Auge blicken und kann die wirklichen Opfer nicht mehr der Lüge und Verleumdung bezichtigen.

Sarinas Vater lebt noch, wird aber nie wegen inzestuösen sexuellen Missbrauchs angezeigt und daher auch nie bestraft.

Sarina schreibt einen Bericht über ihr Schicksal und veröffentlicht ihn in unserem vereinseigenen Magazin, dessen Druck und Heftung uns eine Krankenkasse sponsert.

Zu unserem Verein gehört auch Ludwig. Er stammt aus einem Bruder-Schwester-Inzest ab und wurde blind geboren.

Seine leibliche Mutter verschwieg ihm jahrelang hartnäckig seine Abstammung. Als er die Wahrheit erfuhr, klagte er auf Klärung und auf Opferentschädigung, denn als Blinder ist er auf Rund-um-die-Uhr-Betreuung angewiesen, die er selbst nicht zahlen könnte.

Viele Inzestgeborene kommen mit Schäden zur Welt. Bei uns lernen sie andere Betroffene kennen, pflegen Erfahrungsaustausch und werden so, wie sie sind, akzeptiert und angenommen. Oft sind sie auf lebenslange oder vorübergehende Hilfe angewiesen, die wir vermitteln.

Inzestkinder sterben auch manchmal gleich nach der Geburt oder Jahre später an angeborenen genetischen Defekten, so genannten Inzestschäden.

Durch einen großzügigen Förderer, der die finanziellen Mittel zur Verfügung stellt, ist der Verein in der Lage, Wochenendtreffen für die Mitglieder zu organisieren.

Eine Freundin von mir, die eine gastronomische Einrichtung leitet, stellt uns zu günstigen Bedingungen Räume im Klosterbräuhaus Ursberg zur Verfügung und heißt uns dort herzlich willkommen.

Wir treffen uns in unregelmäßigen Abständen an Wochenenden, um uns kennen zu lernen und unsere Erfahrungen auszutauschen. Die Mitgliederzahl steigt jedoch allmählich an, deshalb legen wir bald zwei regelmäßige Vereinstreffen pro Jahr fest.

Solch ein Verein ist manchmal wie eine Familie, manchmal wie eine Firma.

Einmal reist eine Studentin, die an ihrer Diplomarbeit schreibt, eigens aus Innsbruck/Österreich an, um mich zu interviewen. Ich nehme mir den halben Tag Zeit für sie, danach lässt sie lange nichts von sich hören. Mir liegt viel an Austausch und Rückmeldung zwischen Betroffenen und Fachleuten. Irgendwann meldet sie sich mit Doktortitel zurück und beklagt sich blasiert, dass alle Leute auf ihren Informationen hocken und nicht zu einer förderlichen Kooperation bereit seien.

Ich sage ihr direkt und ehrlich, dass ich ihr Verhalten nicht akzeptiere, mir nach ihrem Besuch Kommunikation gewünscht hätte und ich jetzt keine Lust mehr zu einer einseitigen Zusammenarbeit habe.

Ich engagiere mich schließlich nicht, um Beliebtheit oder Freundschaft zu erstehen. Dazu wäre diese Arbeit viel zu schwer.

Ich helfe auf ehrenamtlicher Basis, weil mir diese Problematik, das unendliche Leid der Betroffenen am Herzen liegt. Hört man die Lebensgeschichten der Betroffenen, kann man sie nicht einfach abschütteln und weitermachen wie zuvor.

Aber ich bin immer weniger bereit, Fachleute dabei zu unterstützen, sich auf meine und anderer Menschen Kosten beruflich zu profilieren. Für mich stehen die Inzestüberlebenden im Mittelpunkt. Die Theoretiker, die Wissenschaftler haben andere Aufgaben und Funktionen in der Auseinandersetzung mit dem Thema.

Mir geht es darum, Erfahrungen und daraus resultierende Kenntnisse, Wissen um die Auswirkungen inzestuösen sexuellen Missbrauchs an andere Betroffene zum Zwecke des Überlebens weiterzugeben, und wenn dies der Entwicklung dient, arbeite ich auch mit Fachleuten zusammen.

Ich gehe aber nicht wahllos und vorschnell Freundschaften ein. Ein angebotenes Du, so habe ich erfahren müssen, bedeutet manchen Menschen nichts oder nur so lange etwas, bis sie haben, was sie selbst weiterbringt. Danach kennen sie ihre Informanten nicht mehr.

Mein Anspruch ist hoch. Freundschaft bedeutet Verantwortlichkeit und Verbindlichkeit, sich daraus wegzustehlen ist nicht meine Art.

Im Laufe der Jahre meiner Arbeit und meines Engagements sind einige herzliche Beziehungen, unverwüstliche Freundschaften und Seilschaften entstanden.

Vor allem mein Mann, der mich auf meinem unaufhaltsamen Weg begleitet, der immer dann da ist, wenn ich ihn wirklich brauche, ist mir eine große Stütze. Er hilft mir, indem er sich um die Kinder kümmert, wenn ich verreisen muss. Diese Gewissheit, dass ich mich auf ihn verlassen kann und meine Kinder in guter Obhut weiß, ist eine enorme Entlastung.

Artikel, Berichte, Dokumentationen, Interviews und Reportagen führen mich in viele große und kleine Städte Europas, ein Aspekt meiner Arbeit, den ich zugegebenermaßen sehr genieße.

Besonders gern reise ich in die neuen Bundesländer, in denen ich warmherzigen und mitunter sehr unverdorbenen Menschen begegne.

Mein Alltag besteht aus harter Arbeit, auch an meiner eigenen Person, er stellt große Herausforderungen an mich. Ich gehe ganz in meinen Aufgaben und meiner Tätigkeit auf, mittlerweile ruhe ich in mir selbst. Es ist ein schönes Gefühl, Zuneigung zu den Menschen zu spüren, die zu mir kommen, ein Band gegenseitigen Verstehens und Vertrauens zu erleben.

Der Erfolg wiederum ermöglicht mir, mir zunehmend eigene Bedürfnisse und Wünsche zu erfüllen. Ich bin nicht mehr auf die Geschenke anderer Menschen, sei es von meiner Schwestermutter oder Schwiegermutter, angewiesen.

Vorbei ist die Zeit, da ich um Akzeptanz und Angenommensein buckeln musste. Ich kann vor mir selbst bestehen.

Es erfüllt mich mit großem Stolz, mich nach einem anstrengenden Arbeits- oder Drehtag belohnen zu können. Diese Autonomie und die Gewissheit, aus eigener Kraft, natürlich mit professioneller Begleitung und Hilfe, Veränderung bewirkt zu haben und weiterhin bewirken zu können, ist die Basis meines heutigen Selbstbewusstseins und Selbstwertgefühls.

Im Jahr 2000 entsteht die erste Dokumentation »Blutschande – Auswirkungen eines Verbrechens«, in der meine Entstehungsgeschichte an authentischen Orten dokumentiert wird.

Erstmals nach über vierzig Jahren begegne ich dem Arzt Dr. Fritz Wagner, der mir 1957 in seiner Privatklinik auf die Welt geholfen hat und sich nicht nur sehr gut an diesen Fall erinnert, sondern im Archiv der Klinik auch noch alle Dokumente aufgehoben hat.

Wir drehen in seinem Privathaus in Berlin-Charlottenburg, wo ich früher mal kurze Zeit bei meiner Mutter lebte, sowie bei meinem Verein und in einem Hotel in Stuttgart.

Die Absicht und Ankündigung des SWR, Dreharbeiten in Ostbevern durchzuführen und meine Lebensgeschichte zu dokumentieren, wird am Stammtisch des Heimatdorfes kontrovers diskutiert.

Der Ortsvorsteher, der meiner Generation entstammt, kann sich noch sehr gut an den Inzestfall erinnern und begrüßt uns sehr freundlich im Rathaus, bittet uns aber, bei den Dreharbeiten Rücksicht auf die Dorfbevölkerung zu nehmen.

Die meisten Menschen, die sich an mich und die Geschichte erinnern, Lehrer und Nachbarn, sind sehr entgegenkommend und unterstützen die Dreharbeit. Nur eine Nachbarstochter hält mit ihrem Auto nah neben mir und dem Team, als ich vor dem Elternhaus stehe, kurbelt die

Autofensterscheibe herunter und fragt in scharfem Ton, ob ich denn auch bei der Wahrheit bleibe.

Das Elternhaus bewohnen inzwischen Fremde, Zugezogene. Die Bewohnerin, eine Sozialarbeiterin, selbst Mutter mehrerer Kinder, kommt zu uns heraus. Sie berichtet, dass sie und ihr Mann, seit sie mit ihrer Familie in diesem Haus leben, viele dümmliche Bemerkungen, Fragen und Kommentare erdulden müssen – wie wir damals.

Die gleichen Leute, die sich früher das Maul zerrissen und über den Inzest getratscht haben, aber dann als Zeugen verstummten und schwiegen, fragen jetzt wiederum, wie man denn so ein Haus kaufen und darin auch noch wohnen könne ...

Doppelmoral, an der sich seit über vierzig Jahren nichts geändert zu haben scheint.

Ihr Mann fragt die Filmemacherin Gabriele Jenk, ob sie davon ausgehe, dass dies alles wahr sei. Er wisse gar nicht, was er glauben solle. Einige Dorfbewohner würden behaupten, ich hätte nur einen Roman erfunden und geschrieben, den ich verkaufen wolle, andere schütteln den Kopf, weil er mit seiner Familie in »so ein Haus« gezogen ist.

Ich höre Gabriele Jenk sinngemäß antworten: »Sie können sicher sein, dass alles stimmt, ich habe die Akten vor Drehbeginn gelesen, es ist alles belegt und dokumentiert!«

Als ich an diesem kühlen, verregneten Sommertag vor meinem ehemaligen Elternhaus stehe, ist mir nicht nur fürchterlich kalt. Ich habe das Gefühl, wenn ich noch lange an diesem Platz stehe, laufe ich Gefahr, erschossen zu werden. Oder ersticke stehenden Fußes.

Überall in diesem Dorf, ob auf dem Kirchplatz oder dem Friedhof am Grab der Frau, die ich in meinen ersten Lebensjahren für meine Mutter hielt, ist mir kalt, fürchterlich kalt. Als erlebe ich die Herzlosigkeit und Kälte des Dorfes und dieses Elternhauses wieder, den Spießrutenlauf meiner Kindheit, wie jedes Hinausgehen aus dem Haus und jeder Gang über die Straße mit jedem Schritt unangenehmer wurde.

Einigermaßen erträglich ist es in dem Hauptschulgebäude, wo das Eingangsbild meines Vaters hängt und wir von den anwesenden Lehrern wirklich freundlich zum Dreh empfangen werden.

Mir kommt es so vor, als verhielten sich alle, die sich etwas mehr Gedanken machen und nicht oberflächlich leben, eindeutig und klar. Aber eben nur diese Menschen. Sind Herzensbildung und Verhalten eine Frage der Intelligenz?

Im Dorf selbst bekommen wir keine Hotelzimmer. Das einzige Hotel am Ort ist belegt. Wir müssen nach Münster und dort mit einem drittklassigen Hotel vorlieb nehmen, das durch abgetretene Läufer, schäbiges Interieur und den Ausblick in einen Hinterhof mit Mauer zum Bahnhof wenig Behaglichkeit bietet, aber Erinnerungen an meine Kindheit auslöst. An die altmodischen Möbel, die, weil nie Geld da war, irgendwann heruntergekommen wirkten und die Trostlosigkeit vergegenwärtigten.

Ich brauche eine schöne Umgebung zum Leben! Ich bin geradezu angewiesen auf geschmackvolles Ambiente, gepflegtes Interieur und einen gewissen Komfort. Alles Alte, Heruntergekommene, Ungepflegte und Verwahrloste stürzt mich in depressive Verstimmungen.

Der dreitägige Dreh in meinem Heimatort fordert meine ganze Kraft. Am Ende bin ich fix und fertig und schwöre mir, so schnell nicht wieder herzukommen. Nicht, ohne eingeladen zu sein.

In jedem Gebäude werden Erinnerungen wach, überall stehen noch Kunstwerke meines Vaters, jetzt allerdings nicht mehr mit seinem Namen, sondern nur mit der Bezeichnung »der Künstler«.

In Berlin und Ostbevern sind die Ängste und Einsamkeitsgefühle wieder so lebendig, dass ich in schlimme Zustände gerate. Nur schnell weg.

Der Psychostress lohnt sich aber. Das Ergebnis unserer Arbeit kann sich sehen lassen. Trotz aller Dramatik des Themas darf es als künstlerisch gelungenes Werk bezeichnet werden und wird von verschiedenen Seiten für den Grimme-Preis vorgeschlagen.

Gern denke ich an die Dreharbeiten in diesem Filmteam zurück, bin über jede erneute Ausstrahlung erfreut. Die Dokumentation wird jährlich wiederholt, was für die Gültigkeit der Aussagen, Qualität und Zeitlosigkeit spricht.

Insgesamt dreimal drehe ich in Ostbevern, einmal für »Explosiv« (RTL), dann für »Blutschande – Auswirkungen eines Verbrechens« (SWR) und für »ML Mona Lisa« (ZDF).

Die Dokumentation »Blutschande« löst ein breites positives Echo aus. Sie wird am 17. Oktober 2000 erstmals ausgestrahlt.

Seit der Veröffentlichung meiner Bücher und der Ausstrahlung der Fernsehsendungen fühle ich mich ein Stück erleichtert und freier. Ab jetzt erzähle *ich* meine Geschichte, es wird nicht mehr *über* mich, sondern *mit* mir über die Geschichte geredet. Und: Es gibt nichts mehr, womit man mich erpressen kann.

Mit meinen Büchern und Sendebeiträgen erreiche ich Menschen, die meine Empörung teilen und sich meiner Arbeit, meinen Äußerungen, meinen Gedanken und meinem Weg anschließen.

Ein halbes Jahr nach Erscheinen meines Buches meldet der Buchverlag jedoch Konkurs an. Mit finanzieller Hilfe meines Mannes erwerbe ich die Restexemplare meiner Bücher und verkaufe sie im Rahmen meiner Lesungen und auf Informationsveranstaltungen.

# KAPITEL 18

Im Herbst 2000 habe ich mich mit Erfolg auf eine Zeitungsanzeige der IG Medien um einen Teilzeitangestelltenjob beworben. Im Bewerbungsgespräch werde ich auch nach meiner schriftstellerischen Tätigkeit gefragt und ob ich vorhabe, ein weiteres Buch zu schreiben.

Im Hinblick auf meinen auf drei Jahre befristeten Teilzeitarbeitsvertrag betone ich, dass ich meine ehrenamtlichen und schriftstellerischen Aktivitäten weiterhin fortführen werde, sofern ich Einladungen zu Lesungen und Fernsehsendungen erhalte, da ich es mir nicht leisten kann, die ganze aufgebaute Arbeit und die Kontakte brachliegen zu lassen. Ich weise auf die mit dem SWR abgedrehte Dokumentation hin, deren Ausstrahlung bevorsteht.

Ansonsten verliere ich meinen Arbeitgebern und Kolleginnen gegenüber kein Wort über mein Ehrenamt als Vorsitzende des Vereins.

Doch Schweigen ist, so sehe ich es heute, geradezu eine Herausforderung, eine Provokation, eine Leinwand für Assoziationen und Fantasien. Für Gerüchte und Geschichten. Für Neid.

Vielleicht wäre es klüger gewesen, zu sagen: Liebe Kolleginnen, ich engagiere mich ehrenamtlich im Bereich des Kinderschutzes. Solltet ihr zufällig einen Fernsehbeitrag von mir sehen, könnt ihr mir gerne Fragen stellen. Bitte habt aber Verständnis, dass ich das Thema mit Rücksicht auf die Konzentration hier am Arbeitsplatz nicht erörtern möchte.

Sechs Wochen nach Ausstrahlung der Dokumentation bestellt mich der Personalchef in sein Büro.

Im Beisein des Projektleiters teilt er mir mit, dass mein Chef mir mangels Eignung und weil ich Fehler mache, kündigen lassen will.

Ich schalte sofort den Betriebsrat ein, der die Kündigung abschmettert und eine Mediation zusammen mit dem Projektleiter empfiehlt.

Der Projektleiter aber weicht dieser aus, er habe »keine Zeit« dafür.

Der Betriebsrat droht mit dem Pressegericht.

Es beginnt eine Jagd auf meine Fehler. Auch meine beiden Kolleginnen schließen sich diesem unfairen Mobbing irgendwann an – vielleicht aus Angst, in den Fehlersog mit hineingezogen zu werden.

Ab jetzt versucht der Projektleiter, mir alle paar Wochen kündigen zu lassen.

Ich konsultiere einen Arzt und zeige ihm diesbezügliche Schreiben, die ich erhalten habe.

Mein Arzt sagt: »Das ist ja Mobbing der übelsten Art!«

Auf seine Empfehlung hin suche ich eine Psychologin auf, die auf Mobbingfälle spezialisiert ist, sowie per Rechtsschutz einen Anwalt.

So gut es mir möglich ist, konzentriere ich mich auf meine ehrenamtliche Arbeit und nehme auch weiterhin in meiner Freizeit Einladungen zu TV-Sendungen zum Thema an.

Als besondere Chance, Herausforderung und Erfolg empfinde ich die Einladung zu »B. trifft ...«, der WDR-Talkshow von Bettina Böttinger, die aus organisatorischen Gründen erst einige Wochen nach der Aufzeichnung ausgestrahlt werden wird.

In der Zwischenzeit bewerbe ich mich während meiner Dienstzeit für ein anderes Projekt im Haus. An diesem Tag schalte ich den Anrufbeantworter des Telefons auf meinem Schreibtisch ein und verlasse das Büro, um ein Stockwerk tiefer an einem Bewerbungsgespräch teilzunehmen.

Kurze Zeit später habe ich in meinem Postkasten ein Schreiben der Personalabteilung mit dem Vorwurf »unentschuldigten Fehlens am Arbeitsplatz« und dem Hinweis auf eine Abmahnung liegen.

Ich gehe damit zu meinem Anwalt, zum Arzt, zum Betriebsrat und zur Psychologin, lege Widerspruch ein und beantrage eine Reha-Kur, die im Eilverfahren genehmigt wird.

In der Reha wird das Phänomen Mobbing angesprochen und bearbeitet und auf eigene Anteile hin analysiert.

Als ich die Kur beginne, habe ich meine Kommunikation stark reduziert, bin nicht mehr hilfsbereit, sondern auf mich selbst fixiert und konzentriert.

Ich erhalte Ergo-, Gesprächs- und Tanztherapie und treibe viel Sport. Zweimal verlängere ich diese Kur um jeweils vierzehn Tage, kehre also erst nach zehn Wochen an meinen Arbeitsplatz zurück.

Im Abschlussbericht der Klinik werden mein Verhalten bei Antritt und die Veränderung während der Kur analysiert.

Bezeichnenderweise schneide ich positiv ab, denn mit meinem Therapiebeginn endet die Mobbingsituation, endet der Druck auf meine Person und der damit einhergehende Psychostress.

Während der Reha-Kur wurde die WDR-Sendung »B.

trifft ...« mit meinem Auftritt ausgestrahlt. Eine Woche später erhalte ich einen Brief aus der Rechtsabteilung, in der mir wegen meines TV-Auftritts der Vorwurf unerlaubter Nebenbeschäftigung gemacht wird. Ich möge meine Honorare offen legen.

Ich lasse über meinen Anwalt und den Gesamtbetriebsrat klarstellen, dass es sich keinesfalls um eine Nebenbeschäftigung handelt, sondern um ein ehrenamtliches frauen- und sozialpolitisches Engagement, und dass die Honorare als Spende an einen Verein gehen. Ich setze noch eins drauf, indem ich ankündige, auch weiterhin diesem Engagement nachzugehen.

Ich schalte die Bundesfrauenbeauftragte ein. Sie sagt, man habe auf Grund meiner Bücher zum Thema und meiner Pressearbeit Angst vor mir.

Gegen die Abmahnung wegen Verlassens des Arbeitsplatzes während der Dienstzeit erhebe ich Einspruch und Klage vor dem Arbeitsgericht.

Ich gewinne mindestens in einer Hinsicht den Prozess. Die Richterin beurteilt dieses Gebaren meines Arbeitgebers als unverhältnismäßig und völlig überzogen. Die Abmahnung muss aus meiner Personalakte entnommen werden.

Zusammen mit einer Betriebsrätin überzeuge ich mich in der Personalabteilung davon, dass dieses Schriftstück aus meiner Akte verschwindet. Aber ich gewinne vor allem persönlich, ich werde immer stärker und lerne, für mich selbst zu kämpfen.

Kurz vor Ablauf der befristeten Anstellung beauftrage ich meinen Anwalt auf Grund der vorliegenden Gutachten und Kostenaufstellungen mit einer Schadensersatzklage gegen meinen ehemaligen Arbeitgeber wegen Arbeitsrechtsverstößen, Verstoß gegen geltendes Gleichstellungsgesetz und wegen Mobbings.

Alle Kosten, die durch Anwalt, Arzt, Mobbingberaterin und Reha-Kur entstanden und per Gutachten schriftlich belegt sind, sind gleichzeitig auch mir immateriell entstandener Schaden, da ich viel Zeit für die verschiedenen Termine aufbringen musste.

Durch die drei Jahre des fortgesetzten Mobbings erfährt mein ehrenamtliches Engagement Einschränkungen und mein Verein erleidet Schaden und gerät in Schwierigkeiten. Da er auf die Spenden, die durch meine Aktivitäten reinkommen, angewiesen ist, fehlen ihm diese jetzt.

Auf Grund der Vorwürfe meines Projektleiters kann ich mich nicht im gewohnten und notwendigen Maße einsetzen, wie ich es aber als Vorsitzende eines Vereines, der auf Spenden angewiesen ist, zu tun habe.

Ich bin in dieser Zeit psychisch und physisch sehr eingeschränkt belastbar. Mir fehlt wertvolle Zeit, die ich für die laufende Vereinsarbeit benötige, um die Organisation erfolgreich und fortschrittlich zu führen.

Durch die wegfallende Spendenakquisition ist der Verein in dieser Zeit zunehmend darauf angewiesen, dass ich die laufenden Kosten auffange und von meinem Teilzeitgehalt bestreite.

Dies kann ich aber nicht wirklich leisten. Ich werde immer nervöser, kann mich nicht konzentrieren, kann weder in meinem Beruf noch meinem Verein die Leistung erbringen, wie sie verlangt wird. Es kommt zu Fehlern, die man mir zum Vorwurf macht. Damit schließt sich der eigentliche Kreislauf des Mobbings.

Im Laufe der nächsten drei Jahre leide ich an diversen psychosomatischen Symptomen: Allergien der (Kopf-)Haut, weil ich es »am Kopf nicht aushalte« und mir die Vorfälle »unter die Haut gehen«. Erstmals werden Schilddrüsenschwankungen festgestellt, die medikamentös behandelt werden, und Konzentrationsstörungen auf Grund nächtlicher Albträume, folglich Unausgeschlafenheit und Überreizung.

Was nimmt man als Person von mir wahr?, frage ich mich. Wovor haben die anderen Angst?

Während ich um meine Befindlichkeit, meine Leistungskraft und meinen Verein kämpfe, wird der Projektleiter stillschweigend gegen den Einspruch des Gesamtbetriebsrates befördert, obwohl bereits Briefe und Schreiben an die Angestellten von Einstellungsstopp künden.

Ich lerne, mich abzugrenzen, mich nicht mehr benutzen zu lassen, lerne, meine eigenen Rechte wahrzunehmen und mich mit Hilfe eines Anwalts gerichtlich durchzusetzen.

Ab jetzt engagiere ich mich nicht mehr unter dem Aspekt, ob ich beliebt bin oder nicht, ob mir mein Engagement übel genommen wird oder nicht, sondern nur noch unter dem Aspekt der Notwendigkeit in einem Land, in dem es für alles Gesetze und Regelungen gibt, die aber nicht oder nur sehr schwer für Minderheiten umzusetzen sind.

Ich durchschaue die Menschen zunehmend. Vielleicht ist es das, was ihnen Angst macht. Ich werde in steigendem Maße ausgegrenzt, isoliert.

Nachts quälen mich Visionen. Ich träume, im ganzen Büro sind Mikrofone, Wanzen und Webcams angebracht.

In einem anderen Albtraum gleicht diese Firma einem Schlangenterrarium, das ich vorsichtig durchschreiten muss. Im Traum erhalte ich die Information, dass Schlangen Kaltblüter sind und ich lediglich meine eigene Körpertemperatur auf die der Tiere senken muss, damit sie mich nicht als Fremdkörper erkennen. Im Schlaf ärgert mich meine Unentschlossenheit und Zögerlichkeit, da sich die Schlangen ständig vermehren.

Meine Therapeutin erklärt mir: »Menschen, die sehr viel erlebt und überlebt haben, spüren wie Zwischenmenschen die Lücken und Unzulänglichkeiten anderer Menschen auf. Sie betreten Räume und spüren sofort die Atmosphäre, die Unstimmigkeit und Spannung. Die, die auf diese Weise durchschaut und erkannt werden, spüren dies aber auch, und dies löst Panik aus! Sofort setzen Abwehrmechanismen ein.«

Aus welchen Gründen heraus der Projektleiter Angst vor meiner Person haben soll, bleibt ungeklärt und für mich nicht nachvollziehbar.

Ich jedenfalls lerne, Nein zu sagen.

Drei Jahre später, am Ende des Teilzeitvertrages, ist der ganze Spuk vorbei.

Wie nach einem Albtraum erwache ich schweißgebadet und schwer atmend.

Wieder bin ich um eine Erfahrung reicher.

Dazu so viel: Ich habe gelernt, mich zu schützen, ich habe auch gelernt, dass sich Mobbing nicht gerichtlich aus der Welt schaffen lässt, ein kollegialer Umgang sich nicht gerichtlich anordnen lässt.

## KAPITEL 19

Im Frühjahr 2002 habe ich unerwartet eine E-Mail von meiner Tochter Nadine in meiner Mailbox: »Hallo Ulrike, ich bin deine Tochter. Nadine.«

Nadine ist inzwischen vierundzwanzig Jahre alt und macht in Hamburg ihre Ausbildung. Sie berichtet, dass Kurt und Gitte in Scheidung leben.

Zu meinem Erstaunen spricht sie sehr schlecht über Gitte, der sie die Schuld daran gibt, dass sie all die Jahre zu mir keinen Kontakt pflegen konnte.

Ich äußere mich bewusst nicht dazu. Mir fällt ein, wie ich selbst in diesem Alter war. Ich bin überzeugt, dass sie ihre Meinung noch oft ändern wird. Hoffentlich ergeht es ihr dabei nicht so wie mir. Oft kam mir das Leben wie in einer Achterbahn vor, Kapriolen schlagend, auf dem Kopf stehend, immer wieder habe ich meine Meinungen überdenken müssen.

Wir wollen uns treffen, wenn ich beruflich nach Hamburg komme.

Wenige Tage später erhalte ich überraschend einen Anruf von Gitte. Sie sagt: »Ich möchte mich bei dir entschuldigen. Wie hast du das alles nur ausgehalten?«

Sie berichtet mir, wie sehr sie Kurt inzwischen verachtet, und erzählt, wie fürchterlich sie in seiner Familie behandelt worden sei. Nicht nur, dass seine Mutter über mich hergezogen sei, »solche Menschen« – Inzestgeborene – wie ich sollten keine Kinder kriegen, hätte sie gehetzt.

Ich bin sehr erstaunt. Dachte ich doch bisher, die Ablehnung hätte nur gegen mich, gegen meine Abstammung und gegen mein Elternhaus, meinen Vater bestanden. Aber dass die Apothekertochter auch nicht gut genug gewesen sein soll, kann ich nicht nachvollziehen. Gab es überhaupt eine Frau, die gut genug für den Sohn dieser Eltern war?

Gitte berichtet, dass Kurt ein Verhältnis mit einer guten Bekannten begonnen habe. Wie in meinem Fall zu meiner Zeit habe sie das Haus verlassen, um zu überleben, aber sie habe im Gegensatz zu mir die Kinder einfach mitgenommen, und er sähe diese jetzt nicht mehr. Sie wolle von ihm nichts mehr wissen. Das, was er mir angetan habe, sei ihm jetzt selbst und in doppelter Hinsicht widerfahren.

Ich sage nichts dazu. Es ist ihre, nicht meine Geschichte.

Sie schlägt ein Treffen vor. Ich lasse dies lieber offen, da ich nicht die Stimmung verspüre, aber vielleicht, wenn ich mal beruflich nach Hamburg komme ... Ich hoffe, sie hat Verständnis dafür, dass ich ihr an diesem Tag nicht traue, nach all dem, was ich auch durch sie erlebt und verloren habe.

An meinem fünfundvierzigsten Geburtstag ruft Kurt an. Er wagt es tatsächlich und sagt, er möchte sich bei mir entschuldigen.

»Wofür?«, frage ich.

Ob ich seine Entschuldigung annehme, fragt er zurück. Er sei zufällig in einen Workshop »Das innere Kind« geraten, und ihm sei bewusst geworden, was er mir und auch sich selbst angetan habe. Er habe unsere Beziehung nie richtig beendet. Ich sage nichts dazu.

Falls er es ernst meint, muss er dies mit sich selbst klären, so wie ich für mich alles selbst klären musste. Er wird allein herausfinden müssen, inwieweit er mit sich klarkommt und sich selbst entschuldigen kann.

Ich könnte seine Entschuldigung annehmen, wenn ich dies wollte. Mir persönlich muss er zwanzig Jahre nach unserer Scheidung nichts erklären, aber er wird nicht darum herumkommen, eines Tages unserer Tochter Rede und Antwort stehen zu müssen. Was er ihr erklären wird, wie er sich vor ihr rechtfertigen wird, geht mich nichts an. Ob er sie und sich selbst wieder belügt, ist mir gleichgültig. Falls Nadine mich fragt, werde ich keine Scheu haben, die Zusammenhänge zu erörtern. Meine Annahmen. Meine Entscheidungen. Meine Fehler. Meine Irrtümer. Alles, was zu meinem Leben dazugehört.

Ich habe in meiner Therapie gelernt, Geschehenes zu analysieren, Schuld anzunehmen, wo ich sie mittragen kann und muss, oder von mir zu weisen, wo ich mir nichts zu Schulden kommen ließ.

Ich habe mir diese Lebensgeschichte nicht ausgesucht. Doch seit ich die Zusammenhänge verstanden habe und Entscheidungen bewusst und eigenverantwortlich treffe, bin ich sehr wohl am Geschehen in meinem Leben beteiligt und verantworte die Konsequenzen.

Meine Anliegen, für eine Minderheit im Schatten der Gesellschaft die Umsetzung bestehender Gesetze und Rechte zu fordern, sind mehr als ein ehrenamtliches Engagement. Aus der Verarbeitung meiner persönlichen Geschichte wurde Profession und daraus Berufung.

Mit Menschen, die einst mein Leben vergiftet haben, will ich keinen Tag meiner kostbaren Zeit vergeuden. Es gibt Menschen, denen ich keine zehn Minuten mehr widmen werde. Dazu gehören für mich Kinderschänder, Mitwissende und Schweigende, also Täter und Menschen, die – wie mein Exmann – Missbrauch mit dem Missbrauch treiben, indem sie andere mit ihrem Schicksal erpressen.

Manche Moderatoren haben mich gefragt, warum ich mein Schicksal öffentlich mache.

Nicht ich habe mein Schicksal öffentlich gemacht, die Geschichte war schon publik, bevor ich gezeugt und geboren war. Schon vor und nach meiner Geburt haben *andere* Menschen *über* meine Mutter, meinen Vater und jahrzehntelang *über* mich geredet. Ich selbst konnte mich nie dazu äußern, mich nicht dagegen wehren.

So habe ich lediglich, wenn auch erst zu einem sehr späten Zeitpunkt, begonnen, mitzureden, und die Geschichte, die gesellschaftlich und juristisch längst kommentiert war, aus meiner Sicht erzählt und dabei vielleicht das eine oder andere gerade gerückt.

Als ich beruflich zu SAT. 1 nach Hamburg reise und eine liebe Bekannte bitte, mich zu begleiten, weil ich keine Lust verspüre, allein in einem Luxushotel zu sitzen und Trübsal zu blasen, treffe ich Nadine nach zwölf Jahren zum ersten Mal wieder.

Wir verabreden uns im »Hotel Maritim«. Ich lade sie und meine Begleiterin in ein chinesisches Restaurant zum Essen ein. Nadine hat sehr viel von mir, wie ich im Laufe des Abends feststelle.

Gleich nach dem Treffen schickt sie mir mehrere begeisterte SMS, in denen sie sich für den wunderschönen Abend bedankt. Danach höre ich nichts mehr von ihr. Weder zu meinen noch zu den Geburtstagen meiner Familie, noch zu Weihnachten oder zum neuen Jahr.

Ich lasse ihr Zeit. Viel Zeit.

Sie soll freiwillig und nur dann kommen, wenn sie es

wirklich möchte. Nicht, weil ich ihre Mutter bin. Es ist nicht leicht, diese Geduld aufzubringen, aber ich vergesse nicht, dass ich selbst Jahrzehnte gebraucht habe, mich selbst zu durchschauen.

Ich hoffe, ihr bleibt ein solcher weiter Weg, wie ich ihn gehen musste, erspart. Ich befürchte aber, ihr wird nicht erspart bleiben, ihre eigene Geschichte zu analysieren und zu bearbeiten, wenn sie die Wiederholung zu Grunde gelegter Muster vermeiden will.

Die ersten fünf Jahre nach der Vereinsgründung bin ich ausschließlich damit beschäftigt, ein fachlich kompetentes Team aus Anwälten und Therapeuten zu suchen und zu finden und meinen Verein und das Thema »Auswirkungen inzestuöser sexueller Gewalt« in den Medien bekannt zu machen.

Durch dieses Engagement erfahren Betroffene von uns und nehmen Kontakt mit uns auf. Meist fassen sie erst nach einer längeren Zeit der Annäherung Vertrauen und beginnen, ihr eigenes Schicksal anzunehmen und es aufzuarbeiten.

Im Rahmen meiner Arbeit als Autorin und als Vorsitzende meines Vereines begegne ich vielen verschiedenen Menschen, desinteressierten Menschen, Menschen, die nur sich selbst kennen, aber auch vielen hilfreichen und engagierten Männern und Frauen.

Meine Tätigkeiten verschaffen mir Einblicke in Verhältnisse, die von Gewalt und Gegengewalt geprägt sind. Gewalt hat viele Ausdrucksformen.

Auch Menschen, die sich in angesehenen, reichen und prominenten Kreisen bewegen, lerne ich kennen. Vielen Menschen, denen ich begegne, geht es hauptsächlich um

Anerkennung, Eitelkeit, Image und PR-Kampagnen. Meist spielen auch Besitzansprüche, Besitzdenken, Eifersucht, Hass und Neid in Motivationen hinein. Hinter den Kulissen erfahre ich, wer nicht nur eine Sendung lang für ein Publikum engagiert tut, sondern auch noch aktiv und interessiert ist, wenn der Glanz der Scheinwerferlichter erlischt.

Manche Prominente, die eigentlich alles haben, meinen, Menschen kaufen zu können, so diese ihnen Vorteile bringen. Sie benutzen andere und instrumentalisieren sie für persönliche Vorteile wie Ansehen und Popularität. Fressorgien für gute Zwecke, Medienkampagnen und große Galaveranstaltungen sind sicherlich geeignete Mittel, um Spenden zu sammeln. Es geht mir nicht darum, solche Aktionen generell zu kritisieren, so lange sie ehrlich und gut gemeint Einrichtungen wie gemeinnützig anerkannten Vereinen zugute kommen, die wie wir tagein tagaus, ehrenamtlich und oftmals rund um die Uhr, engagiert Schwerstarbeit für Betroffene und mit Betroffenen leisten.

Doch wo ist diese Hilfe für Inzestopfer, zu denen Inzestkinder gehören? Es gibt kein Argument, das mir nicht begegnet, um meinem Verein Hilfe zu verweigern:

»Wenn Sie lokal arbeiten würden ...«

»Wenn Sie überregional arbeiten würden ...«

»Sie müssen auf Bundesebene gehen ...«

»Sie müssen auf Landesebene arbeiten ...«

»Sie müssen weltweit arbeiten ...«

»Wenn Ihre Fachleute von hier wären ...«

»Wenn Sie selbst Therapeutin wären ...«

»Schade, dass Sie keine Sozialarbeiterin sind ...«

Ich werde nicht an den »runden Tisch gegen Gewalt« gebeten und nicht in wichtige Gremien. Als ich einmal anrufe, um nachzufragen, warum ich nicht eingeladen wurde, bekomme ich die Erklärung: »Wir wollten mit Betroffenen reden, aber das sind Sie ja nicht. Sie sind ja nur daraus geboren!«

So viele Widerstände mir auch entgegengebracht werden, so viele Kämpfe ich auch ausfechten muss – ich bereue es nicht, den Verein gegründet zu haben. Für die anderen Betroffenen, aber auch für mich persönlich, ist der Verein eine große Hilfe. Die Vereinsarbeit bedeutet nicht zuletzt: Abschied von der Isolation.

Ich bin nicht mehr allein, seit ich mich nicht mehr bloß mit meinem eigenen Schicksal beschäftige und darauf konzentriere, sondern anderen Menschen mit ähnlichen Schicksalen meine Aufmerksamkeit, meine Anteilnahme und einen Teil meines Lebens, meiner Zeit schenke.

Ich habe noch nicht alles verarbeitet, was mir in meinem Leben widerfahren ist. Immer noch habe ich schreckliche Träume.

Einmal träume ich, dass ich durch eine Fußgängerzone gehe und meine Mutter und meinen Halbbruder entdecke. Ich gehe ihnen nach und spreche sie an. Sie drehen sich um, sehen mich fremd und unverwandt an und fragen: »Was wollen Sie von uns? Wir kennen Sie nicht!« Danach verschwinden sie in der Menschenmenge.

Ein anderes Mal träume ich von Haien, die wie Täter durch nichts von ihren instinktiv betriebenen Raubzügen abzuhalten sind.

Auch wenn mich solche Träume zuerst zurückwerfen, lassen sie mich nicht resignieren. Ich mache weiter.

Rückschläge, Hürden, Enttäuschungen gibt es schließlich auch in der Realität. Doch ich schütze mich, so gut es geht.

Es gibt etwa Menschen, die bloß vorgeben, sich zu engagieren. Sie klauen und kopieren, ignorieren Urheber- und Persönlichkeitsrechte und denken, mit Menschen wie mir könne man machen, was man wolle. Es sind oft Menschen, die besonders intelligent und vornehm tun, aber plötzlich agieren, als hätten sie noch nie etwas von geistigem Eigentum gehört, und rücksichtslos ihre Finger lang machen.

Meine eigene innere Stimme wird jedoch zunehmend lauter, sie ist mein bester Seismograf; die eigene Abgrenzung ist der beste Selbstschutz.

Es sind nun mal nicht alle Menschen Freunde, die mein Leben betreten, auch wenn sie dies zu sein vorgeben, nur um ein bestimmtes Ziel, nämlich ihren persönlichen Vorteil, durch mich zu erreichen.

Helfen ja, aber benutzen oder manipulieren lasse ich mich nicht, man kann mich nicht besitzen oder einnehmen.

Manche erheben Ausschließlichkeitsansprüche, versuchen Kontrolle und Macht auszuüben; dann ergreife ich die Flucht. Manche melden sich nie wieder, wenn sie merken, dass ich sie durchschaue.

Viele sehen sich außer Stande oder sind nicht bereit oder willens, wirklich zu helfen.

Einige hätten eine Anzeige wegen unterlassener Hilfeleistung verdient.

Allen voran diejenigen, die den Kinderschutz für unwichtig erklären, sich auf die vorhandenen Gesetze berufen, aber nicht wirklich dafür eintreten, dass diese auch ausreichend ausgeschöpft werden – und sich nachts selbst an Kindern vergehen.

Wer weiß, wie vielen verkappten Pädophilen ich auf der Suche nach Hilfe die Hand geschüttelt habe ... Kinderschänder in bester Gesellschaft, Kleider machen Leute! Was treiben sie nachts, wenn die anderen schlafen?

Vielleicht liegt mein Vorteil darin, dass ich solche Leute kenne, weil ich mit ihnen aufgewachsen bin, mich Instinkt und Nase nie betrügen. So weiß ich, wie ich sie behandeln und mit ihnen umgehen muss.

Jede Veranlagung entsteht im Kopf. Aber diese darf keine Erklärung, keine Entschuldigung und kein Vorwand sein, sich über Berufe in Familien einzuschleichen, um an die Kinder heranzukommen. Ihre Verbrechen beginnen im Kopf, werden triebgesteuert ausgelebt und zerstören die Seelen unserer Kinder.

Hundertprozentige Sicherheit vor sexuellem Missbrauch gibt es nie und nirgendwo, weil und so lange es Pädophile gibt. Überall dort, wo es Kinder gibt, gibt es auch Pädophile. Direkt oder über Umwege gelingt es ihnen, in die Nähe von Kindern zu kommen, um ihr Vertrauen zu gewinnen und sie für ihre niederen Gelüste zu missbrauchen.

Pädophile Netzwerke verhelfen ihnen in entsprechende Ämter, Berufe und Funktionen, um sich gegenseitig und notfalls mit gefälschten Referenzen und Papieren in die Nähe von Kindern zu vermitteln.

Eines Tages fragte meine Tochter Marion: »Kann man Pipi trinken?«, und malte Bilder eines »brennenden Hauses«.

Ich fragte sie, wie sie darauf käme, und erfuhr, dass ein gleichaltriger Junge in ihrer Klasse ein Geheimnis mit sich trug, das er mit anderen auf dem Schulhof in der Pause ausagierte.

Er hatte eine regelrechte Bande auf dem Schulhof gebildet, die während der Pausen Druck auf die anderen Schüler ausübte. Wollte zum Beispiel ein Mädchen an diesen Jungen vorbeigehen, wurde es gezwungen, die Hosen auszuziehen, und dabei mit Schimpfworten eingeschüchtert.

Es war offensichtlich, dass dieser Mitschüler aus eigenen sexuellen Missbrauchserlebnissen heraus Täteranteile entwickelt hatte und die für ihn gewohnten Verhaltensweisen an anderen ausprobierte.

Als mein Mann und ich die Vorgänge aufgriffen und zur Sprache brachten, stellten wir fest, dass wir Eltern anscheinend die Letzten waren, die hiervon erfuhren.

Die Vorgänge waren der Schulleitung bekannt und bereits Thema auch im Elternbeirat.

Die Lösung des Problems sollte darin bestehen, den Jungen der Schule zu verweisen. Eltern, die wiederum über ihre Kinder hinter dieses Geheimnis gekommen waren, über diese Geschehnisse Kenntnis erlangt hatten und darüber reden wollten, wurden als Gefahr für das Ansehen und den Ruf der Schule empfunden.

Um dem Reden darüber ein Ende zu setzen, riet man den Eltern mit dem Argument »Ihr Kind erbringt nicht die nötige Leistung«, den Sohn von der Schule zu nehmen. So sollte die Idylle wiederhergestellt werden.

Als wir hinter diesen Skandal kamen, waren die maßgeblichen Entscheidungen bereits gefallen, und wir konnten nicht verhindern, dass der Junge nach den Sommerferien die Schule verlassen hatte.

Eine Frau aus dem Elternbeirat berichtete, der Junge wäre einmal bei ihnen zu Gast gewesen, und es habe einen Vorfall in ihrem Garten gegeben. Sie bat den Jungen, seinem Vater auszurichten, sie wolle sich mit ihm unterhalten.

Daraufhin erhielt sie als Reaktion des Vaters die Rückmeldung, wenn sie nicht ihren Mund halte, bekäme sie von ihm eins vor den Latz.

Da nun immer mehr Eltern über diese Undinge miteinander sprachen und sich der Vater des Jungen in die Enge getrieben sah, rief er auch uns einmal wütend an und drohte uns mit einer Anzeige wegen Verleumdung.

Wir provozierten ihn, wir würden auf diese Anzeige warten, die aber leider nie kam. Der Vater zog nach dem Schulverweis mit dem Jungen weg und entging so den Ermittlungen der Jugendbehörden.

Aber trotz aller Aufsichts- und Vorsichtsmaßnahmen ist kein Kind davor gefeit oder geschützt, dass es einmal oder mehrmals in seinem Leben mit sexuellem Missbrauch konfrontiert oder sogar Opfer wird.

Während Eltern alles tun, ihre Kinder zu fördern und sie gut aufgehoben oder untergebracht glauben, nutzen Pädophile aller Gesellschaftskreise und Schichten die Lücken, die der Alltag und das tägliche Leben ihnen bieten.

Letztlich zerstören sie auch die Unbefangenheit und das Vertrauen in Menschen, die sich keinerlei Missbrauch zu Schulden kommen lassen.

Die E-Mail eines entfernten Verwandten, die ich an einem Septemberabend erhalte, erschreckt mich sehr:

> »Also ich weiß ja nicht so recht, was ich dazu sagen soll, aber langsam gehst du mir auf den Geist. (...) Ich muss sagen, wenn du hier in der Nähe wärst, würde ich dir wahrscheinlich einen Eimer Benzin über den Kopf gießen und ein brennendes Streichholz hinterher. (...) Du Schwein. Die schlechten Fotos und die Scheißreportagen ohne wirklichen sachlichen Inhalt außer gut und böse.

Hast du in deinem Leben nichts Besseres vor, als tote Leute in den Dreck zu ziehen? Ich glaube, das hat keiner von den beiden verdient. (...) Aus Leid Profit schlagen. Eher niedrige Instinkte. Mach was aus deinem Leben, aber nicht auf Kosten anderer. Na ja, ich wollte nur mal meine Meinung kundtun, was dir ja leider auch erlaubt ist.«

Diese Nachricht trifft mich als Menschen so sehr, dass ich sie nach Rücksprache mit meinen Vereinsgründern an die Staatsanwaltschaft weiterleite.

Dort ist man der Ansicht, es handle sich »nur« um eine familiäre Auseinandersetzung, da ich den Schreiber der E-Mail ja offensichtliche kenne.

Ich stelle klar, dass es kein Argument sein kann, ein solches Schreiben mit dem Hinweis auf Familienstreitigkeiten zu verharmlosen, sondern dass Gewalt in Familienverbänden eine ganz besondere Behandlung erfahren müsse.

Ich erhalte noch eine weitere Drohmail. Auch diesmal nennt der Verfasser seinen Namen:

»Bitte unterlassen Sie es, mich anzuschreiben. Ich empfinde Sie und Ihre Familie als den Dreck, der am besten schon lange (im 3. Reich) vergast gehört hätte. Nun, Sie leben leider noch. Dabei wollen wir es doch aber bitte belassen. Moralische Spätaussiedler mit kommerziellen Intentionen werde ich töten. Die haben hier nichts zu suchen.«

Positive Rückmeldungen auf meine Arbeit erhalte ich zum Glück auch, sogar aus Ostbevern, wie zum Beispiel den nachfolgenden Leserbrief vom März 2002, der nach einer FOCUS-Reportage von der Redaktion an mich weitergeleitet wurde:

»Ein Freund machte mich vor einigen Tagen auf diese Reportage aufmerksam, weil er wusste, dass ich meine Kindheit und Jugend in Ostbevern verbracht hatte.
Obwohl ich damals noch ein Kind war (Jahrgang 48), kamen sofort Erinnerungen hoch, als ich diesen Artikel las. Für uns Kinder war dieses Haus mit dem ›heiligen Michael‹ an der Front irgendwie unheimlich, es wurde getuschelt, abfällige Bemerkungen fielen, die wir zunächst nicht verstehen konnten.
In der Volksschule befand sich im Eingang eine Arbeit (Vier Jahreszeiten) von Ulrikes Vater. Dort wurden von den Lehrern schon mal Bemerkungen gemacht, die wir zunächst nicht verstanden.
Ulrikes Mutter schlug sich mit dem Verkauf von Postkarten und Schreibwaren durch, war deshalb auch häufig in meinem Elternhaus. Als Kind habe ich sofort bemerkt, dass sie nur geduldet wurde, aber nie den Status einer Nachbarin hatte. Sie galt als aufdringlich, man schämte sich, mit ihr zu tun zu haben.
Natürlich haben wir als Kinder miteinander gespielt, sind auf dem Löschteich vor ihrem Haus im Winter Schlittschuh gefahren, im Sommer wurde in der Bever gebadet, aber immer mit gemischten Gefühlen: Man tut etwas, was sich nicht gehört.
Mir wurde diese Situation besonders bewusst, als ich mich in eine von Ulrikes Schwestern verliebte, besser formuliert, dabei war, mich zu verlieben, weil ich instinktiv wusste, dass sich so etwas nicht gehört.

Wenn ich heute an diesem Haus vorbeifahre, habe ich immer noch ein Erlebnis vor Augen. Ulrikes Schwester sprang aus dem ersten Stock des Hauses auf den Rasen, in Panik, vor Angst. Ich habe den Ortspolizisten aus dem Bett geholt, um Hilfe gebeten, weil ich ja mittlerweile wusste, was sich in der Familie abspielte. Schon Wochen vorher hörte man in der Nachbarschaft den Satz ›Er ist wieder da ...‹ Gemeint war Ulrikes Vater.

Ostbevern war ein erzkatholisches Dorf im Münsterland, das habe ich als Kind wahrlich selbst erlebt, mit allen Vorteilen und Nachteilen.

Idyllisch ist ein solches Dorf eben nur für den, der nicht aus der Norm fällt, der zumindest nach außen hin den Schein wahrt.

Wenn die bürgerliche Fassade zusammenbricht, sind häufig die Kinder diejenigen, die unendliche Leiden auf die Schultern geladen bekommen, wo sie doch eigentlich jemanden brauchen, der ihnen diese Last abnimmt, sie versteht, tröstet, Vertrauen und Sicherheit gibt.

Wie sehr muss Ulrike gelitten haben, verzweifelt gewesen sein.

Sie muss aber auch eine sehr starke Frau sein, sonst hätte sie ihr Leben so nicht meistern können.

Wenn ich jetzt an diesem Haus vorbeifahre, den ›heiligen Michael‹ nicht mehr sehe, kommen zwar wieder die Erinnerungen, sie haben aber jetzt einen anderen Stellenwert.

Mir ist im Nachhinein unverständlich, warum man diesen Mann nach so kurzer Strafverbüßung wieder in die Familie gehen ließ, hatte doch der Richter schon erkannt, dass er ein ›Schwein‹ war.

Ich finde es sehr mutig, aber auch sehr wichtig, dass Ulrike ihr Schicksal öffentlich gemacht hat. Vielleicht hilft das anderen Betroffenen, die sich bisher versteckt haben oder psychisch so zerstört wurden, dass sie am Leben verzweifeln.

Es wird auch heute solche Verbrechen geben, das Prinzip der Idylle funktioniert immer noch, es werden auch weiterhin Kinder missbraucht, erniedrigt, zerbrochen hinter gutbürgerlichen Fassaden; Nachbarn, Freunde werden auch weiterhin wegschauen. Das hat sich seit Ludwig Thoma, der diese Doppelmoral schon im vorigen Jahrhundert thematisierte, nicht wirklich verändert, mit einer Ausnahme: Ulrike kann heute ihren Leidensweg öffentlich machen.

Gut, dass es Magazine wie FOCUS gibt, das ein solches Thema aufgegriffen hat und ein wichtiges Signal setzte. ›Ehrenwerte Bürger‹ können nicht mehr darauf vertrauen, dass alles totgeschwiegen wird; das ist wichtig und wirkt vielleicht ja auch abschreckend.

Ich wünsche Ulrike für ihr weiteres Leben Zufriedenheit und Glück. Ich bewundere sie.«

Durch solche positiven Reaktionen habe ich dem Negativen, das aus diesem Dorf kommt, etwas entgegenzusetzen.

»Aus dir wird nichts!« – »Du bist das Kind der Sünde meines Mannes!« – »Unter Hitler wäre er aufgehängt worden und du wärst zu Versuchszwecken im KZ gelandet!« – »Eine muss ja in die Fußstapfen des Vaters treten!« – Solche Sätze sind wie Viren in meinem Gehirn.

Je mehr ich meine Eltern anklage, desto mehr bestätige ich ihre Aussagen über mich, und diese Schuhe passen mir nicht mehr. Ich ziehe sie einfach nicht mehr an.

Ich lächle die Vergangenheit an und fordere sie heraus,

indem ich ihr Gutes entgegenstelle, indem ich anderen Menschen Hilfe anbiete.

Ich werde zu einem Magnet des Guten, und so wie Gleiches Gleiches anzieht, ziehe ich das Gute an. Ich werde zu einem Magnet des Glücks. Indem ich andere Menschen glücklich mache, werde ich zum Magnet für Konstruktivität, fortschrittliches Denken und gutes Klima.

Bedrohungen und Beschimpfungen gehören zwar leider zur Schattenseite meines Engagements, doch nicht immer erlange ich Kenntnis darüber. Zum Beispiel werde ich in irgendwelchen Newsgroops oder Foren im Internet angegriffen, doch davon erfahre ich nur, wenn mich jemand darauf aufmerksam macht.

Generell gilt für mich, dass ich im Alltag behutsamer und vorsichtiger lebe und versuche, mich und die Menschen, die mit mir leben, zu schützen. Ich drücke nicht einfach auf den Öffner, wenn es an der Tür klingelt, und Briefe oder Päckchen mit unbekannten Absendern beäuge ich kritisch.

Trennung zwischen Arbeit und Engagement, Persönlichem und Privatem durch Postfach, Geheimnummern, Pseudonyme und andere Vorsichtsmaßnahmen gehören zum Arbeitsalltag dazu. Das eingeschaltete Handy wird zum ständigen Begleiter, falls mal etwas Unvorhergesehenes passiert und schnelle Kontaktaufnahme erforderlich wird.

Denn ich muss die Feststellung treffen, dass Inzest und inzestuöse sexuelle Gewalt, ausgehend von Pädophilen, ihr Erscheinungsbild geändert und noch aggressivere Ausmaße erreicht haben.

War es zu meiner Entstehungszeit ein »unmögliches« Geschehen, das sich, ausgehend von einem Pädokriminellen, im abgeschotteten Familienverband abspielte, so haben Nichtpädophile und Pädokriminelle den sexuellen Kindesmissbrauch, die »Ware Kind«, die auf dem freien Markt per Angebot und Nachfrage organisiert wird wie die Beschaffung von Drogen, als Einnahmequelle entdeckt.

M.E.L.I.N.A e. V. unterstützt die Rehabilitation Inzestgeborener und hilft ihnen mit einer ganzen Palette an Hilfsangeboten und -maßnahmen, zu Inzestüberlebenden zu werden.

Dazu gehört die Vermittlung der DNA-Analyse in dem humanbiologischen Labor eines Institutes, in dem die Vater- und Täterschaft in Abwesenheit des Täters zu neunundneunzig Prozent nachgewiesen wird.

Dadurch erhält der Inzestgeborene die Möglichkeit, seine Rechte juristisch durchzusetzen. Wir haben in unserem Verein auch Anwälte aus dem Sektor Familien- und Strafrecht. Wir vermitteln keine Billig-DNA-Analysen, weil es nicht um den Beweis der Abstammung geht, sondern Nachweise erstellt werden müssen, die auch vor Gericht verwendbar und zugelassen sind, etwa, wenn auf Grund eines solchen DNA-Ergebnisses eine Strafverfolgung oder Klage auf Erbschaftsrecht eingeleitet werden soll.

Ein typischer Fall ist die Geschichte unseres Mitglieds Marco, der als viertes Inzestkind eines pädophilen Vaters und seiner Tochter entstand. Der Vater war nachgewiesenermaßen schizophren.

Nur weil die Kinder nicht in die Schule kamen, fiel der Fall den Behörden auf und wurde in dieser Hinsicht als Verstoß gegen die Schulpflicht aktenkundig.

Warum die Behörden den Fall nicht weiterverfolgten, nachdem die Kinder in einer vom Staatsanwalt angeordneten Nacht- und Nebel-Aktion aus diesem Elternhaus herausgeholt und auf verschiedene Heime verteilt worden waren, bleibt nicht nachvollziehbar.

Unverständlich blieb auch die Frage der Behörden, ob sich die Kindesmutter der Gedankenwelt des pädophilen Vaters angeschlossen hätte oder Opfer seiner Gewalt wurde.

Allein diese Formulierung zeigt, dass dringender Schulungsbedarf für alle Sozialarbeiter in Jugend- und Kriminalbehörden besteht. Wissen über Pädophilie, ihre Eigendynamik, ihre Gedankenwelt und ihre sozialen Manipulationstechniken sind die Voraussetzung für die Aufdeckung, Behandlung, Prävention und Strafverfolgung.

Ein Kind, das sexuell missbraucht wird, erst recht im eigenen Elternhaus, im eigenen Familienverband, durch einen pädophilen Vater, ist grundsätzlich immer Opfer!

Es bleibt einem Kind gar nichts anderes übrig, als sich der Gedankenwelt eines Elternteils oder beider Elternteile anzuschließen, wenn es keine gegenteiligen Impulse vermittelt bekommt. Es kann daher gar keine andere Lösung als die konsequente Trennung der Gesamtfamilie vom Täter geben.

In Marcos Fall haben wir geholfen, dass seine körperlichen Inzestschäden diagnostiziert wurden und er mittels Therapie und praktischer Unterstützung durch medizinisch-soziale Einrichtungen eine Basis für eine berufliche Zukunft bekommt.

Als er nach der DNA-Analyse den Nachweis seiner Vater-Tochter-Inzestabstammung in den Händen hält und auf seine Rechte klagt, spricht seine Schwestermutter Drohungen auf Marcos Anrufbeantworter. Er bekommt eine neue geheime Telefonnummer, mit der er sich von seinem inzestuösen Familienverband abgrenzen und schützen kann.

Auf seinen Wunsch hin dokumentieren wir in Zusammenarbeit mit Medien seinen Inzestfall, und ich habe ihm meine Hilfe bei seinem eigenen Buch zugesagt.

M.E.L.I.N.A e. V. wird auch weiterhin Einzelschicksale öffentlich dokumentieren, um auf diese Weise eindringlich über die Auswirkungen inzestuöser sexueller Gewalt aufzuklären und Inzestüberlebenden zu helfen.

## KAPITEL 20

Im Sommer 2003 ruft mich meine Schwester Regina an. Babettes Sohn Dennis liegt nach einem Sportunfall in einer Stuttgarter Klinik. Ob Regina und ich ihn wohl einmal besuchen würden?

Babette hat inzwischen in Afrika eine eigene Apotheke, einen pharmazeutischen Betrieb mit zahlreichen Angestellten aufgebaut und ihren Sohn Dennis seit sechs Jahren auf das Internationale College in Salem geschickt. Er steht zum Zeitpunkt ihres Anrufes kurz vor seinem Abitur.

Da Babette auf Grund der Expansion ihres Unternehmens in Afrika verhindert ist und wegen des Umzugs in größere Räume nicht kommen kann, bittet sie uns, nachdem wir den jungen Mann im Krankenhaus ein bisschen näher kennen gelernt haben, sie während der Abiturfeier auf Schloss Salem zu vertreten.

Regina und ich versprechen ihr, uns um Dennis zu kümmern, fahren an den Bodensee und mieten uns in einem kleinen Hotel ein.

Der Bodensee ist für mich ein wohltuender Anblick! Ich liebe Wasser, ganz gleich, ob als Fluss, Meer oder See. Stundenlang kann ich auf einer Bank sitzen, den kleinen Wellen nachschauen und meinen Visionen von Glück nachhängen.

Trotz Bewölkung, zeitweilig heftigen Regenschauern im Wechsel mit Sonne, genieße ich die Reise.

Wir treffen nach Mittag in unserem Hotel ein. Da wir noch Zeit haben, schauen wir uns zwei Stunden lang die nähere Umgebung an. Schließlich kehren wir zurück ins Hotel und ziehen uns für das Fest in Überlingen um.

Dennis kündigt per Handy an, dass er uns abholen wird. Wenig später hupt jemand in einem offenen BMW-Cabrio, in dem vier gut gelaunte junge Leute sitzen, vor dem Hoteleingang. Wir dürfen in meinem Auto folgen. Das Cabrio ist das Abi-Geschenk eines Vaters an seinen Sohn, mit dem Dennis befreundet ist.

Am Schloss Salem sind etwa fünfhundert Gäste mit Anreisen und Einparken beschäftigt. Eltern, Familienangehörige und Verwandte fahren in den schönsten Autos aus aller Welt vor. Jaguar, Mercedes, Porsche, Rolls-Royce. Mit und ohne Chauffeure.

Wir nehmen Platz auf den für uns reservierten Plätzen, und ich versinke in Staunen, als das Schulorchester einsetzt und ein apartes Mädchen auf ihrer Harfe Solos spielt.

Als die einzelnen Abiturienten namentlich zur Zeugnisübergabe aufgerufen werden, höre ich viele aus den Medien bekannte Namen. Dies ist eine Schule, auf die die Reichen und Berühmten ihre Söhne und Töchter schicken. Und die aufgerufenen Namen klingen für mich anders als »Jagsch«.

Meine Schwester und ich wechseln einen Blick.

Wie sehr schämten wir uns früher, wenn in unserem Dorf der Name »Jagsch« ein Raunen aufkommen ließ, weil der Vater wegen Inzests im Knast saß. Mit zunehmendem Bewusstwerden der Ereignisse und den Auseinandersetzungen damit wurde diese Scham jedoch nicht etwa weniger, sondern nahm noch zu.

Aus dem Grafiker, der wegen Inzests saß, war im Bewusstsein der Öffentlichkeit ein Kinderschänder geworden, den zu verteidigen es uns an Argumenten mangelt. Sowohl im privaten Bereich als auch in den Medien.

Aber wir verspüren schon nicht mehr das Bedürfnis, ihn zu verteidigen und seine guten Eigenschaften hervorzuheben. Ausgrenzung, Diskriminierung und gesellschaftliche Benachteiligungen sind uns als warnende Narben geblieben. Uns ist der Preis, den wir dafür bezahlt haben, dass unser Vater ein Täter ist, bekannt.

Nach dem offiziellen Festakt kümmern sich die Abiturienten und Schüler anderer Jahrgänge um das leibliche Wohl und die Unterhaltung der Gäste, von denen sich einige zwischenzeitlich umgezogen haben. Bewundernd mustere ich die vielen schönen Ballkleider, aber ich fühle mich auch in meinem brombeerfarbenen Seidenanzug wohl.

Ich habe längst meinen eigenen Stil gefunden und bin stolz darauf. Ich orientiere mich nicht an anderen, schlüpfe nicht in fremde Rollen, sondern bin mir meiner selbst bewusst.

Die Frau des letzten in Afrika amtierenden deutschen Botschafters fragt mich nach meiner Schwester Babette. Dennis stellt Regina und mich vor und erklärt, dass wir seine Tanten sind und warum seine Eltern nicht kommen konnten.

Immer wieder fragen angesehene und bekannte Menschen nach meiner Schwester aus Afrika. Es ist ein ganz ungewohntes Gefühl für mich, die Verwandte von jemandem zu sein, der gesellschaftliche Anerkennung genießt.

Als wir spät in der Nacht nach Hause fahren, stimme ich Regina aus ganzem Herzen zu, als sie sagt: »Ich gönne es

Dennis und hoffe, dass er das Beste aus seinem Leben macht.«

Wir rechnen aus, wie viel die Schule ab Dennis' zwölftem Lebensjahr gekostet hat. Eine horrende Summe ... So viel kann Eltern ihr Kind monatlich wert sein.

Und wir? Wir mussten für unseren Vater schuften, und als Dank dafür hat er unsere Leben und das seiner Ehefrau zerstört.

Es hätte auch ganz anders laufen können ...

Seine Frau hätte ihn gleich nach dem ersten Inzest des Hauses verweisen und die Scheidung einreichen können.

Sie hätte sich konsequent von diesem Mann distanzieren und sich Hilfe von verschiedenen Behörden holen sollen.

Dass sie dies nicht tat, ist mindestens so verwerflich, durch nichts zu rechtfertigen und so ungerecht wie der Inzest selbst.

Denn sie lebte ihren Töchtern ein Verhalten vor, das kritisch zu hinterfragen und abzulehnen diese erst viel zu spät in der Lage waren. Es kostete sie viele Jahre Lebensglück.

Erst wenn falsche Verhaltensweisen, die fatalerweise als Vorbild fungierten, aufgelöst werden können, besteht eine reelle Chance auf ein selbstbestimmtes Leben und eine glückliche Partnerschaft.

Die Frau meines Vaters hat nicht nur ihr eigenes Leben, ihre eigene Gesundheit, ihre eigene Person geopfert, sondern auch ihre Töchter. Was sie mit sich selbst tat, sich selbst zumutete, lag in ihrer Entscheidung. Aber letztlich zuzulassen, dass ihr pädophiler Mann seine Abart auch noch kultiviert und die Familie mit krimineller Energie auf verbrecherische Weise zerstört, stand ihr nicht zu. Ein

Vater und Täter, der keine Reue zeigte, sondern sein Verhalten auch noch wiederholte, hätte spätestens nach der zweiten Verhaftung Hausverweis und Scheidung erfahren müssen.

Er hat sich niemals entschuldigt.

# NACHWORT

Eine Lösung für all die Probleme, die man als Inzestkind hat, scheint es nicht zu geben, und doch verrät schon das Wort »Lösung« selbst den Weg in ein besseres Leben: sich lösen. Inzestopfer sollten sich von Menschen und Dingen und damit von den Problemen, die mit ihnen zusammenhängen und verbunden sind, lösen. Denn nicht alle Menschen und Probleme hat man sich selbst ausgesucht oder gar verschuldet. An seinem Schicksal, als Inzestkind geboren zu werden, ist man nicht beteiligt. Ich halte viel von Wahlverwandtschaften. Menschen, die man sich bewusst aussucht.

Mein Glück ist, dass mir gute Menschen auf den Weg geschickt wurden, wie Engel vom Himmel.

Manch einer wird mich jetzt fragen wollen, ob ich heute glücklich bin.

Ich fühle mich wie ein Glückspilz, weil ich unversehrt zur Welt kam, geistig und körperlich gesund bin und weil ich eine eigene Familie mit gesunden Kindern habe und einen Partner, der mein Schicksal mitgetragen hat.

Das ändert nichts daran, dass meine Seele Trauer trägt und eine Antwort auf die ewigen Fragen nach dem Warum und Wohin sucht.

Ich frage mich oft, wie meine leibliche Mutter wohl ohne dieses Schicksal geworden wäre, wie ich geworden wäre ohne diese Mutter mit diesem Schicksal, wie meine Kinder ... aber ich kann die Uhr nicht zurückdrehen.

Ich kann lachen, lache gern und oft, manchmal auch über mich selbst, und schaue zuversichtlich in die Zukunft. Ich bin gespannt, was mein Leben mir noch bieten wird.

Ich bin nicht wunschlos glücklich, vielleicht ist genau das eine Form des Glücks – *Wünsche zu haben.* Menschen, die nicht wirklich leben, haben keine Wünsche. Menschen, die keine Wünsche mehr haben, sind arm.

Es gibt mittlerweile auch schöne Erinnerungen in meinem Leben: An meinen vierzigsten Geburtstag 1997 zum Beispiel denke ich gern zurück. Ich feierte ihn mit vierzig Menschen, die mir auf die eine oder andere Weise auf meinem Weg geholfen haben: Familienangehörige, Verwandte, Bekannte und Freunde, Autorenkolleginnen und Vereinsmitgründerinnen.

Ich suche noch immer nach einem Zuhause für meine Seele, das all das Schöne widerspiegelt, was in ihr ruht und diesem Ausdruck gibt. Ausgewähltes. Geschmackvolles. Großzügigkeit. Räume, die viele Menschen, die in meinem Herzen Platz haben, beherbergen können. Vielleicht sind es Vereins(t)räume?

Ich lese und wachse. Ich schreibe – und bleibe.

Was bleibt, wenn alles vergänglich ist? Was bleibt von mir? In den Archiven werden Dokumente stehen, Kurzgeschichten, Reportagen, mit Sperrvermerken versehen.

Was ich nicht brauche, was es nicht geben soll, sind Kränze und Krüge, Lilien und Lorbeeren auf einem Grab. Ich bin aus der Kirche ausgetreten, will nicht beerdigt oder geerdet werden, sondern will alle meine Organe spenden, die einem anderen Menschen helfen können. Und wenn es geht, auch meine blauen Augen. Mein Herz. Meine Seele. Ihr könnt alles haben, was noch brauchbar ist, und mich dem Himmel überlassen. Oder dem Meer. In meinen Adern pulsiert Blut eines mir fremden Mannes, der mir einst bei der Entbindung meiner Kinder mit einer Blutspende wieder auf die Füße half. Wer weiß, ob es blaues Blut war, auf jeden Fall verleiht es mir Bärenkräfte, die Bäume ausreißen könnten.

Die Pädophilen würde ich zum Teufel wünschen, wäre nicht jeder Gedanke eine Energie. Also sollen sie leben, aber unsere Kinder gefälligst in Ruhe lassen!

Es würde übrigens kein Problem für mich darstellen, die Entschuldigung eines solchen Menschen anzunehmen, wenn ich merke, dass sich bei ihm in seinem Denken, seiner Sichtweise und seinem Handeln etwas geändert hat.

Hätte sich mein Vater glaubhaft bei mir, meiner Mutter, seiner Frau und allen seinen Töchtern entschuldigt und sein Denken und Handeln sich verändert, wäre ihm – davon bin ich überzeugt – verziehen worden.

Es hieß, meine Arbeit, meine Bücher, mein Engagement und meine Fernsehbeiträge hätten mein Heimatdorf in zwei Lager gespalten. Ein Mutter-Lager und ein Vater-Lager.

Hierzu stelle ich klar: Es geht nicht um ein Täter- oder Opfer-, Väter- oder Mütter-Lager; es geht um die schwächsten Mitglieder dieser Gesellschaft, nämlich um Kinder – im Besonderen um die aus sexuellem Missbrauch geborenen Inzestkinder als Minderheit im Schatten der Gesellschaft, die sich nicht wehren können und keine Lobby haben. Sich ihrer Rechte annehmen und sich für diese stark machen, habe ich mir zur Aufgabe gemacht.

Meine Arbeit in all ihren Aspekten und Fassetten nimmt immer mehr Raum und Zeit ein. Mein Arbeitsbereich platzt vor Aktenordnern und Notizen bald aus allen Nähten.

Nach Wiesbaden komme ich, seit unsere Kinder erwachsen sind und auf Grund ihrer eigenen Aktivitäten selbst mitentscheiden, wann sie hinfahren, etwas seltener, an Familien- und Feiertagen natürlich.

Auch hier kam ich zu der Erkenntnis: »Lösung« ist eine gute Lösung. Loslassen. Keine Erwartungen haben birgt immer noch die größten Überraschungen. Man muss nicht ständig Schicksal spielen.

Meine kompetenteste Mitgründerin, die Traumatherapeutin, Kunstmalerin und Vorsitzende Roslies Wille-Nopens, die seit zehn Jahren Vorsitzende des »Interessenverbandes zur Verhinderung sexuellen Kindesmissbrauchs e. V.« in Celle ist, macht mir 2003 einen sinnvollen und längst überfälligen Vorschlag: Um die täglich wachsende Arbeit und zunehmenden Bürokratismus zu vereinfachen und mehr Zeit für die Arbeit mit den Betroffenen zu gewinnen, schlägt sie eine Zusammenlegung unserer beiden Vereine vor.

Ich bin sofort dafür, und wir leiten alle dazu erforderlichen amtlichen Vorgänge für einen Neueintrag beim Registergericht Stuttgart ein. In unserer Gründungs- und Mitgliederversammlung erhalten wir volle Unterstützung aller anwesenden Mitglieder. Ende 2003 ist die Arbeit abgeschlossen: Unsere Vereine werden unter dem neuen Vereinsnamen »Interessengemeinschaft gegen sexuellen Kindesmissbrauch und M.E.L.I.N.A Inzestkinder e. V.« ins Vereinsregister Stuttgart eingetragen. Roslies, die 2002 die Verdienstmedaille des Landes Niedersachsen erhielt, und ich setzen die Arbeit als Vorsitzende in Celle und in Stuttgart fort. Wieder haben wir mit unserem Vereinsteam am Ende eines Jahres Übermenschliches geleistet.

Als unsere Kinder Charly und mir eines Abends vom Abschlussball, der Berufsausbildung und der bestandenen

Führerscheinprüfung erzählen, wird mir bewusst, wie schnell zwanzig Jahre meines Lebens vergangen sind.

Zeit ist kostbar, das Leben einmalig, das Wertvollste, was wir haben. Ich achte mittlerweile darauf, wie ich meine Zeit verbringe.

Ende Oktober 2003 zum Beispiel habe ich eine Nachricht von meinem Exmann auf meinem Anrufbeantworter. »Hallo Ulrike, du wirst dich vielleicht wundern ...« Seine Stimme klingt so, als wäre sein Anruf selbstverständlich. Er sagt, er wäre gerade beruflich in der Gegend, und da hätte er sich gedacht, ob wir uns mal treffen könnten. Er bittet mich um Rückruf.

Ich denke nicht daran. Warum sollte ich? Schlimm genug, dass ich auf Grund dieses Elternhauses und falscher Vorbilder alle Muster wiederholt und den erstbesten Mann geheiratet habe, weil ich meinte, froh sein zu müssen, dass mich jemand will. Der Preis für diese kindheitsbedingte Dummheit, Gutgläubigkeit und Naivität war sehr hoch.

Zwei Stunden später ruft er erneut an.

Ich frage ihn ernsthaft, wie er auf eine solche Idee kommt, dass wir uns treffen sollten. Offensichtlich war ihm entgangen, dass ich nicht mehr das dumme Ding aus dem Nachbardorf bin. Ich wähle mir die Menschen heute aus, denen ich meine Zeit schenke.

Als ich wie so oft an einem schwülen Sommerabend mit meinem Mann in unserem Garten unter Bäumen sitze und wir uns wie so oft über die Erlebnisse des Tages unterhalten, sagt Charly: »Was hältst du davon, wenn wir an unserem fünfundzwanzigsten Hochzeitstag die Silberhochzeit mit einer kirchlichen Zeremonie feiern?«

Ich bin überrascht – dass er dies nicht vergessen hat. Wir

haben vor unserer Trauung mal kurz darüber gesprochen, denn unsere plötzliche Heirat ließ für eine aufwändigere Organisation keine Zeit.

Jetzt, nach so vielen gemeinsamen Jahren wird mir bewusst, auf welcher Bedingungslosigkeit und Hilfsbereitschaft unsere Ehe basierte. Jeder von uns hat »Ja« gesagt zu einem Menschen, den er im Alltag noch gar nicht kannte, mit dem er sich aber so gut wie seelenverwandt fühlte und auf den er neugierig war.

Wie vor zwanzig Jahren überlege ich nicht lange, denn Wünsche werden Wirklichkeit. Ich stelle mir vor, ich werde ein silberfarbenes schlichtes Kleid tragen.

# ANHANG

# ERKLÄRUNG AN DAS GERICHT:

Seit dem 9. Mai 1958 habe ich wiederholt vorgeschlagen, dass die Vormundschaft über Marina J., die ich innehatte, auf eine andere Person übergehe. Ich hielt damals schon die absolute Trennung der Marina J. von der Familie und seit 20.07.1958 ihre Unterbringung in einem Heim bis zur Vollendung des 21. Lebensjahres unter strikter Abtrennung von der Außenwelt und vor allem der Eltern für unerlässlich.

Damit befand ich mich im Widerspruch zu den Eltern J. und leider auch des Vormundschaftsgerichtes Warendorf, worauf ich meine Vormundschaft niederlegte. Heute weiß ich, dass ich Marina J. nicht aus der Hand hätte geben dürfen, denn die tatsächliche Entwicklung der Dinge seit meinem Rücktritt als Vormund ist mit erstaunlicher Präzision so gelaufen, wie ich sie damals schon vorausgesagt habe. Man kann dabei diejenigen Instanzen nicht entschuldigen, die so unvorsichtig und fahrlässig waren, Marina J. aus dem Kloster »Zum Guten Hirten« in Münster wieder zu entlassen, in das ich sie kurz zuvor eingewiesen hatte. Ich tat das nicht, um sie zu bestrafen, sondern um sie vor dem Leben, dem sie nicht gewachsen sein konnte, und vor ihren eigenen Eltern zu schützen.

Lag eine genügende Kenntnis vom Charakter und dem Einfluss der Mutter der Marina J. vor?

Eigentlich war ich verwundert, Frau J. als die mögliche Hauptaktrice des gesamten tragischen Geschehens nicht vor Gericht zu sehen.

Haben Sie sich einmal klar gemacht, dass es für eine Frau und Mutter kaum einen größeren geistig-seelischen Bankrott geben kann, als durch die Vorkommnisse in ihrem Haus ans Tageslicht gekommen ist, wo nämlich der eigene Vater seine Tochter schwängerte, ohne dass sie als Mutter bis wenige Wochen vor der Geburt eine Ahnung davon hatte? (...)

Eine Verantwortung für die Rückkehr der Marina J. ins Elternhaus und für die daraus entstehenden Folgen übernehme ich unter keinen Umständen. Die Rückführung in das Elternhaus wäre nach meiner Überzeugung nicht nur psychologisch völlig verfehlt, sondern bedeutet auch eine sexuelle und charakterliche Gefährdung des Mädchens.

Nach meiner Überzeugung sind auch die anderen Geschwister gefährdet, weil Frau J. ihrem ambulanten Gewerbe nachgeht und den Kindern die Hausarbeit (einschließlich Kochen) fast ganz überlässt. Ich halte sie, nachdem ich sie mehrere Monate länger kennen lernen konnte, für außer Stande, ihren Kindern eine gute Mutter zu sein und ihnen ein Heim zu schenken. Die Tochter Marina wird wahrscheinlich nur wider Willen in das häusliche Milieu zurückzubringen sein und unter solchen Umständen in psychischer Hinsicht rückfällig werden.

Ich halte es für ausgeschlossen, dass das sexuelle Verhältnis zum Vater nur von seiner Seite her forciert wurde, was in der Psyche des Mädchens liegt, das Halt und Nähe sucht.

Ob dem Gericht das Charakterbild der Frau J. und ihr Einfluss auf die geschehenen Dinge klar gewesen ist, vermag ich nicht zu beurteilen. Aber ich kenne ihren gemeingefährlichen und niederträchtigen Charakter, den ich schon durch Vorweisen einiger Briefe aus ihrer Hand beweisen könnte. Ich kenne ihren fanatischen Hass gegen ihren Mann und ihre Tochter Marina, ihre maßlose Eifersucht auf die Tochter Marina. Es gibt eine Reihe Äußerungen aus ihrem Munde, die darauf hindeuten, dass sie eine erneute Verurteilung ihres Mannes und auch eine Verurteilung ihrer Tochter Marina wünscht und betrieben hat. Ihr Hass hat ein Interesse an dieser Verurteilung.

Ich glaube, die Verführungskünste der Marina J. waren von der Mutter inszeniert, denen der Vater dann erlag (...) Ein Mann, der mit perversen Striptease-Veranstaltungen seiner Ehefrau ins Schlafzimmer genarrt und dann doch nicht befriedigt wird, wird planmäßig und gewollt in einen Zustand sexueller Überreizung gebracht. Und wenn ihm dann noch die Tochter als Köder zugeführt wird, mit der er früher schon mal ein sexuelles Verhältnis unterhielt, wird er nur schwer widerstehen können. (...)

Mit Herrn J. habe ich seit 1957 keinen Kontakt mehr, meine Aussagen sind ohne jede Sympathie für ihn.«

# ANSCHRIFTEN

IGC & M.E.L.I.N.A Inzestkinder e. V.
Kontakt:
Ulrike M. Dierkes, Vorsitzende
E-Mail: IGCundMelina.ev@t-online.de; Melina.ev@t-online.de
www.melinaev.de
Spendenkonto: BW-Bank Stuttgart,
Konto-Nr.: 2704823 (BLZ 600 501 01)

Lobby für Menschenrechte e. V. gegen alle Formen sexualisierter Gewalt
M. Gerstendörfer
Geschäftsstelle: PF 1030
72541 Metzingen
E-Mail: info@lobby-fuer-menschenrechte.de

Initiative gegen Gewalt und sexuellen Missbrauch an Kindern und Jugendlichen e. V.
Herrn Dipl. Soz. Päd. J. Heibel
Poststr. 18
56427 Siershahn
Tel. + Fax: 0 26 23/68 39

# INTERNET-ADRESSEN

www.melinaev.de
www.lobby-fuer-menschenrechte.de
www.initiative-gegen-gewalt.de

# LITERATURHINWEISE


Gerhard Amendt, Michael Schwarz, *Das Leben unerwünschter Kinder,* Fischer-Verlag, Frankfurt am Main 1992.

Lara Andriessen, *Blutiger Sonnenaufgang. Missbraucht – und geliebt,* Becker-Verlag, Kirchhain 2002.

Manfred Bieler, *Still wie die Nacht – Memoiren eines Kindes,* Hoffmann & Campe Verlag, Hamburg 1989.

Ulrike M. Dierkes, *Melina's Magie-Roman über das Mädchen Melina, das aus Inzest geboren ist*, Georg Bitter Verlag, Recklinghausen 1995. (vergriffen, Restexemplare direkt bei der Autorin erhältlich)

Ulrike M. Dierkes, *Meine Schwester ist meine Mutter – Inzestkinder im Schatten der Gesellschaft*, Patmos Verlag, Düsseldorf 1997. (vergriffen, Restexemplare direkt bei der Autorin erhältlich)

Erhard F. Freitag, *Kraftzentrale Unterbewusstsein, Hilfe aus dem Unbewussten,* Wilhelm Goldmann Verlag, München 1999.

Erhard F. Freitag, *Die Macht Ihrer Gedanken, Kraftzentrale Unterbewusstsein,* Wilhelm Goldmann Verlag, München 2002.

Adolf Gollwitz, Manfred Paulus, *Grünkram – Die Kinder-Sex-Mafia in Deutschland*, Verlag Deutsche Polizeiliteratur, Hilden/Rhdl. 1997.

Alexander Markus Homes, *Gestohlene Kindheit. Ein Heimkind packt aus,* Ullstein Taschenbuchverlag, München 1998.

Michaela Huber, *Multiple Persönlichkeiten – Überlebende extremer Gewalt*, Fischer-Verlag, Frankfurt am Main 2002.

Michaela Huber, *Trauma und die Folgen. Trauma und Traumabehandlung, Teil I*, Junfermannsche Verlagsbuchhandlung, Paderborn 2003.

Joseph Murphy, *Die Macht Ihres Unterbewusstseins. Das Buch der inneren und äußeren Entfaltung,* Ariston-Verlag, München 2000.

Joseph Murphy, *Dein Recht auf Glück,* Heyne Verlag, München 2001.

Yann Queffelèc, *Barbarische Hochzeit,* Suhrkamp Verlag, Frankfurt am Main 1989.

Gabriele Ramin (hg.), *Inzest und sexueller Missbrauch. Beratung und Therapie,* Junfermannsche Verlagsbuchhandlung, Paderborn 1993.

Christine Swientek, *Die Wiederentdeckung der Schande – Babyklappen und anonyme Geburt,* Lambertus Verlag, Freiburg 2001.